高等职业教育汽车类专业新型活页工作手册式系列教材

系列教材主编：戚文革　邹玉清

汽车电器故障诊断与维修教学工作页

宋震宇◎编著

中国铁道出版社有限公司
CHINA RAILWAY PUBLISHING HOUSE CO., LTD.

内 容 简 介

本教学工作页是为贯彻国务院印发的《国家职业教育改革实施方案》（简称“职教 20 条”）文件精神，落实“新型活页式、工作手册式”职业教育教材的要求而编写，与教材《汽车电器故障诊断与维修》（ISBN 978-7-113-28598-2）配套开发，共分四个项目，包括检修汽车电源系统、检修汽车起动系统、检修汽车尾灯和检修前部灯光。每个项目均包含项目任务单、项目导入、项目实施三部分内容。

本教学工作页的特点有：以“做事”的职业行动作为认知起点；使用多样化、可视化表达方式；设计实施“微组织”环节；多环节、多形式的“专业+思政+创新”有机融合；采用了典型案例、新知识、新工艺。

本教学工作页由校企行合作开发，充分融入职业要素，适合作为高等职业院校和中等职业学校汽车类相关专业的教材，也可作为有关人员的岗位培训教材。

图书在版编目（CIP）数据

汽车电器故障诊断与维修教学工作页/宋震宇编著. —北京：中国铁道出版社有限公司，2022.12
高等职业教育汽车类专业新型活页工作手册式系列教材
ISBN 978-7-113-29781-7

Ⅰ.①汽…　Ⅱ.①宋…　Ⅲ.①汽车-电气设备-故障诊断-高等职业教育-教材②汽车-电气设备-维修-高等职业教育-教材　Ⅳ.①U436.6

中国版本图书馆CIP数据核字(2022)第199384号

书　　名：汽车电器故障诊断与维修教学工作页
QICHE DIANQI GUZHANG ZHENDUAN YU WEIXIU JIAOXUE GONGZUOYE
作　　者：宋震宇

策　　划：何红艳　尹　鹏　　　　**编辑部电话：**（010）63560043
责任编辑：何红艳　彭立辉
封面设计：刘　颖
责任校对：苗　丹
责任印制：樊启鹏

出版发行：中国铁道出版社有限公司（100054，北京市西城区右安门西街 8 号）
网　　址：http://www.tdpress.com/51eds/
印　　刷：北京联兴盛业印刷股份有限公司
版　　次：2022 年 12 月第 1 版　2022 年 12 月第 1 次印刷
开　　本：787 mm×1 092 mm　1/16　**印张：**9.25　**字数：**243 千
书　　号：ISBN　978-7-113-29781-7
定　　价：36.00 元

序

职业教育的本质是“学习如何工作”的教育，即培养学生具备与工作任务相匹配的职业能力。职业能力遵循新手—生手—熟手—专家/高手的成长规律，如何在职业教育中实施符合职业能力成长规律的落地措施，是职业教育教学设计的首要原则。

本书的教学内容设计是在微组织教学模式“教与学”的行动逻辑指导下完成的。微组织教学模式是行动导向教学具体实施中运用的一个具体化方法，由教学情境导入、任务发布、任务实施、检查纠错、结果评价五个环节构成，其本质特征是针对问题，师生之间建立即时反馈系统。要求教师要具有对问题察之入微的敏感性，针对每个问题做出即时反馈。微组织教学模式实施过程中要求对任何一个知识点、技能点均做到“一点一讲一练一确认”。

教学工作页是微组织教学模式实施工具，是教师“教”与学生“学”的引导性教学文件，是学生思维过程、学习过程、学习结果可视化表达与老师即时反馈的载体。

教学工作页设计实现了以下四点创新:

一、以“做事”的职业行动作为认知起点

以“做事”的行动作为认知起点，建构基于“做事”的行动体系认知结构，而非学科知识体系“认知结构”，以与学生行动能力相匹配的“做事”的显性行动单元作为教学设计起点。

二、学习过程可视化设计表达

根据学习内容选择多样化的可视化表达方式，可视化设计包括两个方面：一是学生的学习思维过程和学习结果老师要看得见；二是老师的即时反馈学生要看得见，对学习过程与学习结果是否符合要求老师要做出即时反馈，反馈意见学生要看得见。

三、教学过程“教与学”即时反馈

学习过程可视化呈现，为建立个性化“教与学”即时反馈创造了前提条件，即时反馈为学生学习偏差提供“支架”，赋能“成功学习”，激发内模拟机制，实现班级集体授课制条件下的因材施教。

四、实现“知识、能力、素养”一体化成长

任何一个学习行动都是“知识、能力、素养”构成的“复合体”，在行动中理解掌握行动赖以发生的“知识”，在行动中积淀提升完成行动的“能力”，在行动中规塑做事做人的“素养”，一个行动能够“达标完成”所涉及的“知识、能力、素养”一个也不能少，在行动全过程所有节点与最终成果所涉及的“知识、能力、素养”都进行可视化呈现，依据“合格标准”进行即时反馈、纠正、刻意训练，直到正确为止，从而实现了对学习过程、学习结果全程“贯标”确认。

自2016年起，吉林电子信息职业技术学院在汽车专业群、机械专业群启动了面向教育对象的提升教学育人有效性教学改革，教学工作页的创建与应用是教学改革标志性成果之一，催生了教学育人有效性显著提升的课堂革命。

希望本书能够为高等职业教育汽车类专业课程教学设计提供借鉴。

戚文革

2022年2月

前言

本教学工作页是为贯彻国务院印发“职教 20 条”文件精神，落实“新型活页式、工作手册式”职业教育教材的要求而编写。本教学工作页与教材《汽车电器故障诊断与维修》（ISBN 978-7-113-28598-2）配套开发，共分四个项目，包括检修汽车电源系统、检修汽车起动系统、检修汽车尾灯和检修前部灯光。

本教学工作页具有以下特点：

一、以“做事”的职业行动作为认知起点，突出职业能力培养

将项目中每个任务的工作内容序化为作业准备、拆卸、检修和安装等完整的工作过程，在工作过程中认知发动机结构、作业方法、技术标准和要求等职业知识，即按照“实践—认识—再实践—再认识”的发展规律，以“做事”的职业行动作为认知起点，在完成职业活动（包含职业行动和职业知识）过程中不断积淀职业能力，突出职业能力培养。

二、使用多样化可视化表达方式和“即时反馈”，实现因材施教

根据学习内容选择了流程图、列表及方框等多样化的学生学习过程可视化表达方式；学习过程可视化设计为即时反馈奠定了基础，教学过程针对问题“时时、事事、人人”的即时反馈，实现了班级集体授课制条件下的因材施教。

三、设计实施“微组织”环节，实现“知识、能力、素养”一体化成长

每个行动都设计了“微组织：老师检查纠错，学生改正错误”环节。在教学过程中老师依据“合格标准”，采用检查纠错方式，对每个行动所涉及的“知识、能力、素养”进行即时反馈、纠正、刻意训练，学生在不断地改正错误直到正确为止的过程中，实现了“知识、能力、素养”一体化成长。

四、多环节多形式的“专业＋思政＋创新”有机融合，实现“思创”培养目标

在项目导入中，保持与教材《汽车电器故障诊断与维修》一致的汽车维修主题，结合每个项目的专业性，融入不同的内容；本教学工作页使用全过程要求用铅笔按照规定字的大小书写在精心设计的方框、图表中，培养学生一丝不苟、精益求精的专业精神。通过以上多环节多形式的“专业＋思政＋创新”有机融合，实现在专业教育中突出“人的底色”与创新素质的培养目标。

五、典型案例增加启示性，新知识、新工艺增强时效性

每个任务后面都增设了在检修过程中引发的真实复杂的故障案例，使学生在学习中受到启示，得以借鉴；大众迈腾 B8 平台的起动控制、灯光控制、仪表控制、起动自检等核心技术的引入增强了本教学工作页的时效性。

六、校企行合作开发，充分融入职业要素

本教学工作页由吉林电子信息职业技术学院讲师宋震宇编著。吉林市磊π汽车修理厂技术总监、汽车维修技师王磊提供了案例；吉林电子信息职业技术学院教授戚文革提供了创新元素；中国汽车工程学会汽车应用与服务学会技术副总监弋国鹏、吉林市磊π汽车修理行技术总监王磊、吉林市英之捷汽车服务有限公司技术总监宋海成进行了审稿工作。吉林省汽车维修行业秘书长李晶提出了宝贵意见和建议，在此表示衷心的感谢！

由于编著者水平有限，书中难免存在疏漏与不妥之处，恳请广大读者批评指正。

编著者

2022 年 6 月

目录

项目一　检修汽车电源系统

项目任务单

<table>
<tr><td>项目描述</td><td>完成 2018 款迈腾 B8 1.8 T 车型电源系统的检修作业</td></tr>
<tr><td>项目要求</td><td>符合 2018 款迈腾 B8 1.8 T 车型技术要求与标准，正确使用工具，完成如下作业：
1. 维护与检修蓄电池。
2. 维护与检修发电机。
3. 检修汽车电源系统</td></tr>
<tr><td>学习目标</td><td>1. 准确叙述蓄电池外部维护、状态检测、充电的作业方法。
2. 准确叙述发电机维护的作业方法。
3. 准确陈述电源系统检修的作业方法。
4. 规范地对蓄电池进行维护、充电作业。
5. 规范地对电源系统常见故障进行分析、诊断与排除作业。
6. 养成自觉遵守技术标准和要求规定、规范操作、安全、环保、5S［整理（Seiri）、整顿（Seiton）、清扫（Seiso）、清洁（Seiketsu）、素养（Shitsuke）］作业、团结协作的好习惯。
7. 德技并修做一名优秀汽车医生。
8. 掌握思维导图故障判断方法</td></tr>
<tr><td>项目载体</td><td> 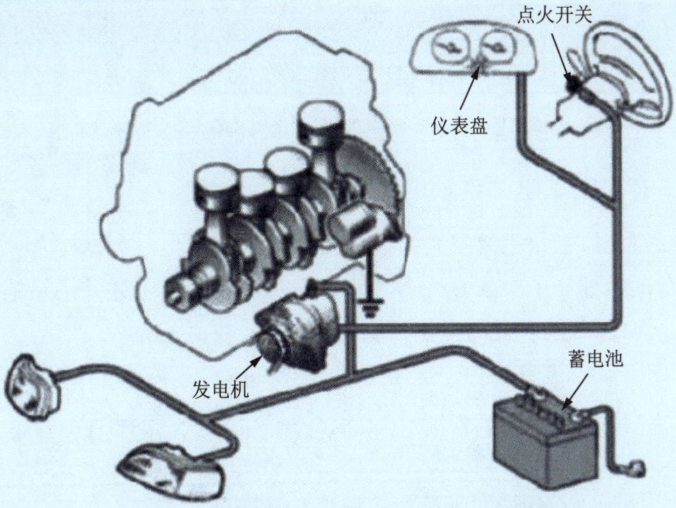
2018 款迈腾 B8 1.8 T 车型电源系统</td></tr>
<tr><td>计划学时</td><td>12 ～ 16 学时</td></tr>
</table>

工作页	上课地点		学生姓名		完成 / 未完成
	任课老师		上课时间		优 / 良 / 中 / 及格

项目导入

一、讲一讲

20 世纪 80 年代初，长安汽车与铃木公司初步接洽，长安人深刻地意识到中国汽车技术提升的必要性。长安人得知，仪表盘是汽车制造的一个难点，为了攻克这个难关，长安人咬牙上前，克服了一切艰难险阻。第一次谈判 8 个月后，长安人就把两辆组装好的小卡车开到了北京。当前来谈判的铃木代表看到这两辆车时，惊讶得几乎说不出话来。

汽车电源系统中的仪表盘

“你有你的特点，我也有我的优势。”我是一个平凡的人，但有自己的骄傲，我坚信做好自己就是最大的爱国，我为自己每天的努力而自豪，为自己取得的一点点进步而自豪。

请问：仪表盘成功研制体现了长安人什么品质？请用铅笔认真地写在下面的方格内。

微组织 1：老师检查纠错，学生改正错误。微评价：☆☆☆☆☆

二、看一看：汽车电源系统的结构功能

请查阅主教材并观看相关视频，完成下列思考和行动。

1. 请结合项目任务单中的 B8 1.8 T 车型电源系统图，陈述并用铅笔概要写出仪表盘在电源系统中的作用，同时思考仪表盘的工作环境。

微组织 2：老师检查纠错，学生改正错误。微评价：☆☆☆☆☆

2. 请结合配气机构组成图，在横线上认真写出汽车电源系统组成部分的名称。

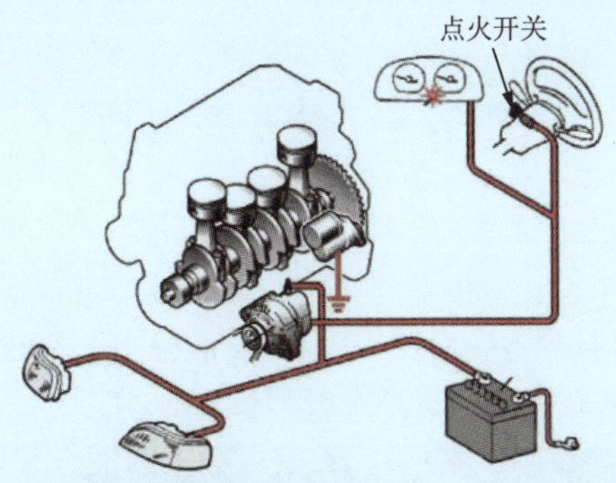

______________　　______________　　______________

配气机构组成图

微组织 3：老师检查纠错，学生改正错误。微评价：☆☆☆☆☆

三、安全教育与防护要求

请说出安全与防护要求，做好防护准备，同时进行自检和互检。若已完成，请用铅笔在方框内打“√”。

□　工作服穿戴要“四紧”。

□　严禁佩戴手表等金属首饰。

□　严禁摆弄与本任务无关的设备和工具。

□　严禁嬉戏打闹。

微组织 4：老师检查纠错，学生改正错误。微评价：☆☆☆☆☆

项目实施

任务一　维护蓄电池

步骤一：作业准备

请详细复述作业准备项目与内容，对照表 1-1-1 核准检查。若已准备好，请用铅笔在相应项目内容后的方框内画上“√”；若有遗漏，请补充后再画上“√”。

表 1-1-1　维护蓄电池作业准备检查表

项　目	内　容
作业场地	带有消防设施的作业场地□
设备设施	整车□　工具车□　零件车□　吹气枪□　垃圾桶□
工量辅具	套筒扳手组合套具□　一字螺丝刀□　枕木□　抹布□　充电机□　预置力式扭力扳手□　开口扳手□　高频放电计□　万用表□
耗材	

微组织 1：老师检查纠错，学生改正错误。微评价：☆☆☆☆☆

步骤二：蓄电池外部维护

1．请仔细观看老师示范，结合老师讲解查阅主教材并观看相关视频，将蓄电池拆装计划用铅笔认真填写在表 1-1-2 中。

表 1-1-2　汽车蓄电池拆装计划

工　序	内　容	工量辅具
1		
2		
3		
4		
5		
6		
7		
8		
9		

微组织 2：老师检查纠错，学生改正错误。微评价：☆☆☆☆☆

2．请写出蓄电池的拆装原则。

微组织 3：老师检查纠错，学生改正错误。微评价：☆☆☆☆☆

3．请根据电器设备拆装原则，用铅笔将图 1-1-1 中汽车蓄电池拆卸顺序重新排列并标注出所拆卸零件的名称。

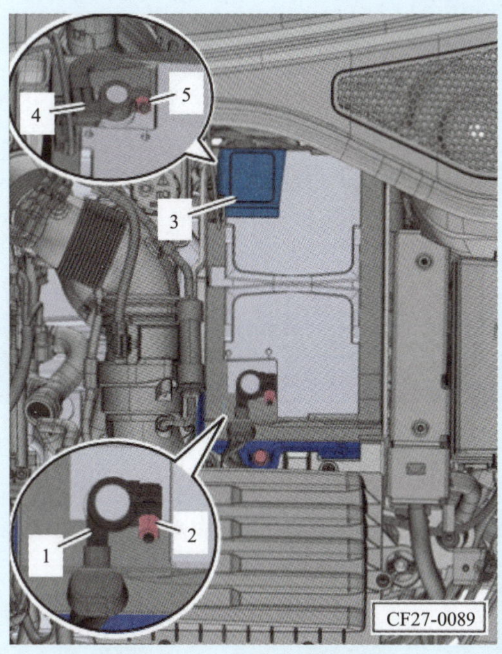

图 1-1-1　蓄电池拆卸顺序

拆：__________、__________、__________、__________、__________

装：__________、__________、__________、__________、__________

微组织 4：老师检查纠错，学生改正错误。微评价：☆☆☆☆☆

4．请根据拆装计划实施拆装，详细总结操作过程中出现的问题，试着分析问题产生原因，并归纳出关键词，用铅笔认真填写在图 1-1-2 中。

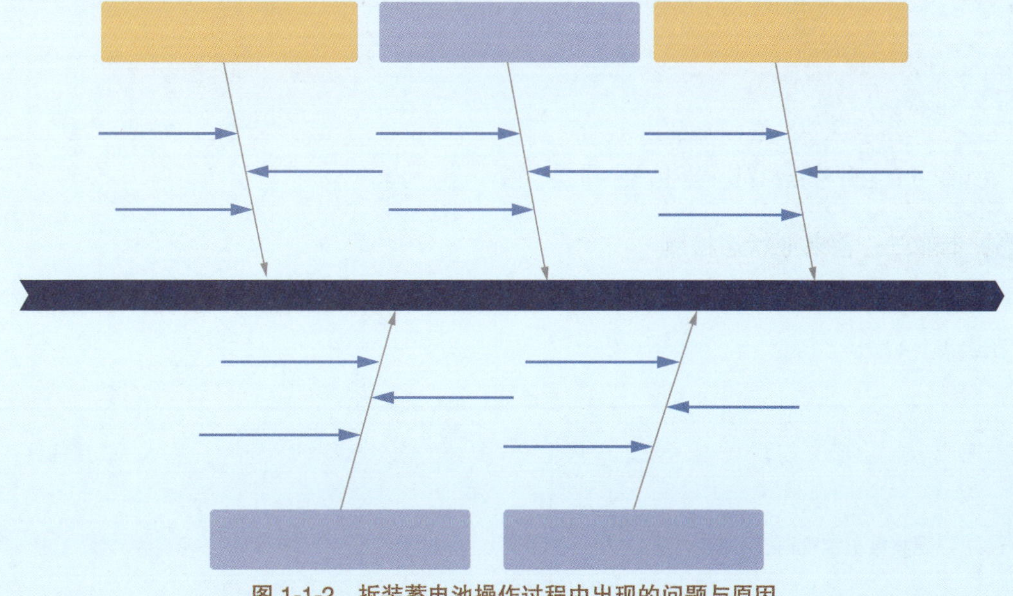

图 1-1-2　拆装蓄电池操作过程中出现的问题与原因

微组织 5：老师检查纠错，学生改正错误。微评价：☆☆☆☆☆

5．请结合拆装过程中对汽车蓄电池的认识，查阅主教材及相关资料，回答下列问题。

（1）写出图 1-1-3 中蓄电池组成的零件名称。

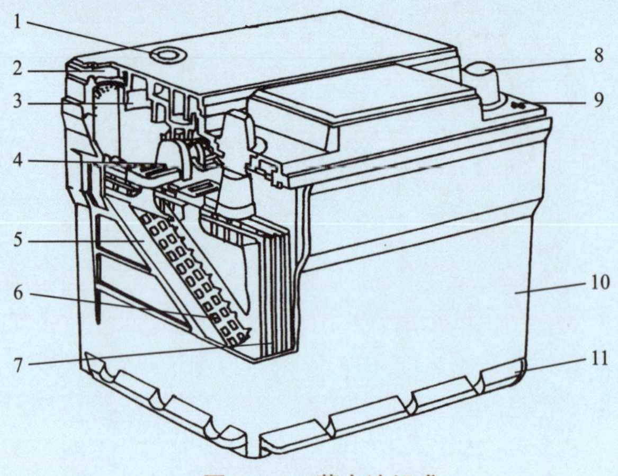

图 1-1-3　蓄电池组成

（2）写出蓄电池主要组成部件的特点及功用，用铅笔认真填写在表 1-1-3 中。

表 1-1-3　蓄电池主要组成部件的特点及功用

种　　类	极　　板	极　　柱	观　察　孔
图示			
特点			
功用			

微组织 6：老师检查纠错，学生改正错误。微评价：☆☆☆☆☆

步骤三：蓄电池状态检测

1．请仔细观看老师示范，结合老师讲解查阅主教材并观看相关视频，将检测计划用铅笔认真填写在表 1-1-4 中。

表 1-1-4　蓄电池状态检测计划

序　　号	项　　目	工　　序	内　　容	工量辅具
1	观察蓄电池观察孔	1		
		2		
		3		

续表

序　号	项　目	工　序	内　容	工量辅具
2	测量蓄电池静态电压	1		
		2		
		3		
3	测量蓄电池放电程度	1		
		2		
		3		

微组织 7：老师检查纠错，学生改正错误。微评价：☆☆☆☆☆

2. 请使用铅笔将检测结果填入表 1-1-5 中，并根据检测结果评测蓄电池的完好程度。

表 1-1-5　检测结果

序　号	项　目	技术标准和要求	检 测 结 果	判 定 结 果
1	观察蓄电池观察孔			继续使用□　更换□
2	检测蓄电池静态电压			继续使用□　更换□
3	检测蓄电池放电程度			继续使用□　更换□

微组织 8：老师检查纠错，学生改正错误。微评价：☆☆☆☆☆

3. 请结合检测过程对汽车蓄电池损伤的认识，查阅主教材和相关资料，总结汽车蓄电池组常见的损伤形式，用铅笔认真填写在图 1-1-4 中，并试着简要分析损伤产生的原因。

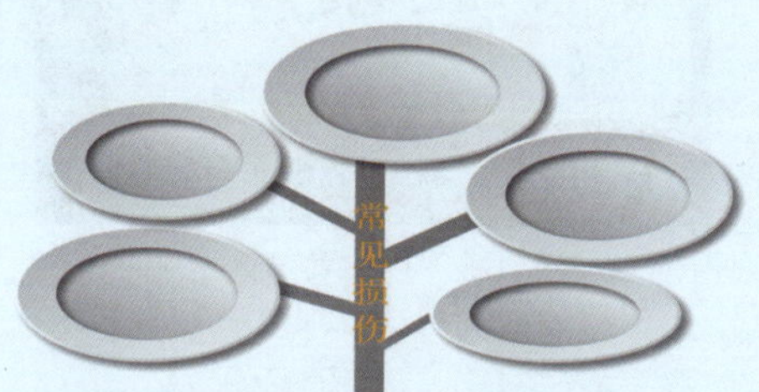

图 1-1-4　汽车蓄电池常见损伤形式

微组织 9：老师检查纠错，学生改正错误。微评价：☆☆☆☆☆

步骤四：蓄电池充电

1. 请仔细观看老师示范，结合老师讲解查阅主教材并观看相关视频，将蓄电池充电计划用铅笔认真填写在表 1-1-6 中。

表 1-1-6　蓄电池充电计划

工　序	内　容	工量辅具
1		
2		
3		
4		

续表

工　序	内　容	工量辅具
5		
6		
7		
8		
9		
10		
11		
12		
13		
14		
15		

微组织 10：老师检查纠错，学生改正错误。微评价：☆☆☆☆☆

2. 请查阅主教材和相关资料，将蓄电池铭牌（见图 1-1-5）的含义填入表 1-1-7 中。

图 1-1-5　汽车蓄电池铭牌

表 1-1-7　蓄电池铭牌含义

铭　牌	含　义

微组织 11：老师检查纠错，学生改正错误。微评价：☆☆☆☆☆

案例

案例： 比亚迪秦 EV 充电 CC 信号故障导致车辆无法充电。

故障现象：车辆行驶正常，仪表板未提示相关故障信息。连接充电设备至外部交流插座，按压充电枪锁止开关，连接至车辆慢充接口，释放充电枪锁止开关，充电设备电源指示灯正常，此时充电枪锁无动作，充电枪无法锁止。观察仪表上充电指示灯不亮，仪表无任何反应（见图 1-1-6），此时车辆无法充电。

图 1-1-6　组合仪表充电状态指示灯显示

故障原因：由于仪表上充电连接指示灯以及车载充电机起动充电模式并判断外部设备供电能量，主要由充电导引信号 CC 决定。根据充电过程中仪表上的充电连接指示灯不亮，说明充电连接电缆→车辆接口→车载充电机→电池管理系统→组合仪表的控制流程存在故障。而整车运行正常，说明整车控制器、车载充电机、电池管理系统、驱动电机控制器、组合仪表等都工作正常。所以，据此判定为车载充电机没有接收到正确的CC信号，或者对CC信号没有做出正确的反应，具体可能为：

1. 充电连接及控制 CC 信号及线路断路、虚接、短路故障。
2. 充电枪锁止开关（机械卡滞）及内部线路断路、虚接、短路故障。
3. 车载充电机与电池管理系统间充电连接信号及线路断路、虚接、短路故障。
4. 车载充电机自身故障。
5. 电池管理系统自身故障。

故障排除：连接充电枪至车辆慢充接口，如果故障现象消失，车辆正常充电，则可能为系统故障代码保护，造成 OBC（车载充电器）进入功能性保护模式，车辆无法充电；如果车辆还不能充电，则通过诊断仪器读取故障代码，并根据故障代码、参照充电导引结构图（见图 1-1-7）对线路、插接件、车载充电机和电池管理系统进行维修或更换。

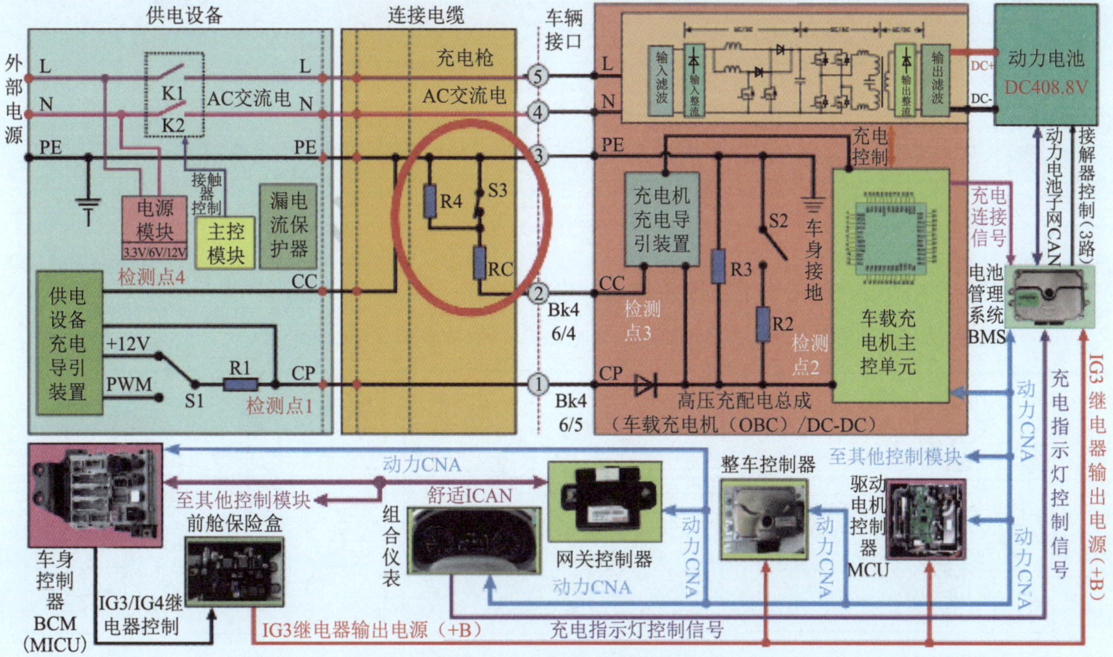

图 1-1-7　充电导引结构图

任务二　检测发电机

步骤一：作业准备

请详细复述作业准备项目与内容，对照表 1-2-1 核准检查。若已准备好，请用铅笔在相应项目内容后的方框内画上“√”；若有遗漏，请补充后再画上“√”。

表 1-2-1　检测发电机作业准备检查表

项　目	内　容
作业场地	带有消防设施的作业场地□
设备设施	迈腾 1.8 T 整车□　工具车□　零件车□　吹气枪□　垃圾桶□
工量辅具	套筒扳手组合套具□　百分表□　磁力座□　V 形架□　万用表□　一字螺丝刀□　预置力式扭力扳手□　开口扳手□　游标卡尺□　橡胶锤□　弹簧测力计□　磁力吸棒□　壁纸刀□
耗材	清洁布□　泡沫清洁剂□　塑料测隙规□

微组织 1：老师检查纠错，学生改正错误。微评价：☆☆☆☆☆

步骤二：发电机主要部件维护

1. 找到发电机安装位置并确定拆装发电机操作计划。

请仔细观看老师示范，结合老师讲解查阅主教材并观看相关视频，将拆装计划用铅笔认真填写在表 1-2-2 中。

表 1-2-2　发电机拆装计划

工　序	内　容	工量辅具
1		
2		
3		
4		
5		

微组织 2：老师检查纠错，学生改正错误。微评价：☆☆☆☆☆

2. 请根据维修手册在图 1-2-1 中用铅笔准确标注出发电机螺母位置。

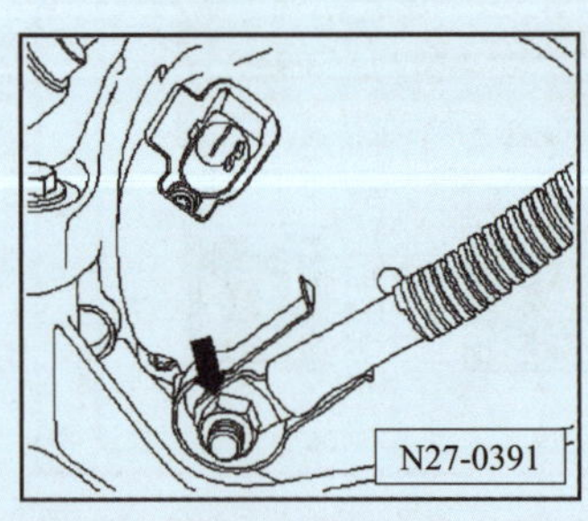

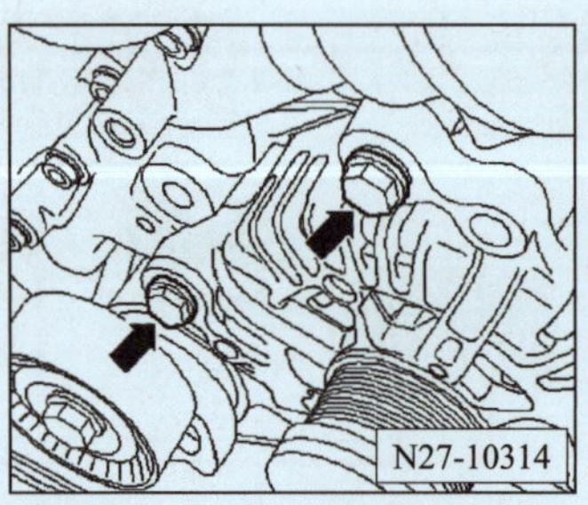

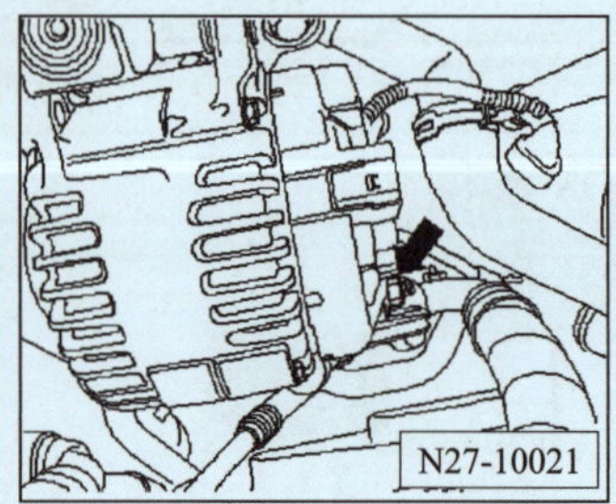

图 1-2-1　发电机螺母位置

微组织 3：老师检查纠错，学生改正错误。微评价：☆☆☆☆☆

3．请根据维修手册，在图 1-2-2 中用铅笔准确地将多楔传动带的拆装作业补充完整。

（1）在拆卸多楔传动带之前用粉笔或记号笔标记，以便重新安装。

（2）为了松开多楔传动带，转动张紧装置。

（3）将多楔传动带从空调压缩机的多楔带轮上取下，然后松开张紧装置。

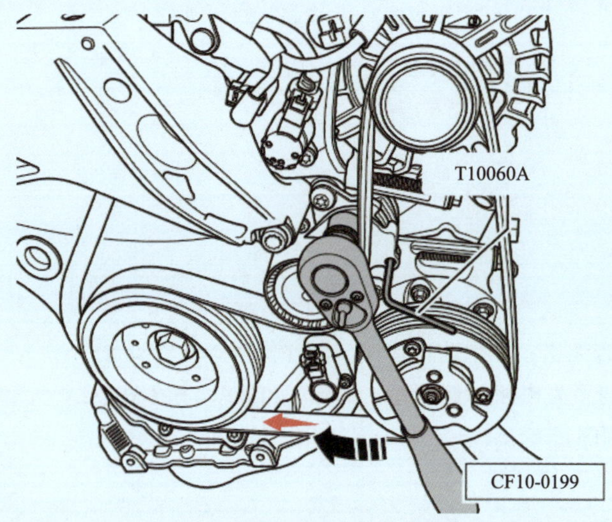

图 1-2-2　拆卸多楔传动带

微组织 4：老师检查纠错，学生改正错误。微评价：☆☆☆☆☆

4．请根据拆装计划实施拆装，详细总结操作过程中出现的问题，试着分析问题产生的原因，归纳出关键词，用铅笔认真填写在图 1-2-3 中。

图 1-2-3　拆装汽车发电机操作过程中出现的问题与原因

微组织 5：老师检查纠错，学生改正错误。微评价：☆☆☆☆☆

步骤三：发电机部件的拆卸

1．请仔细观看老师示范，结合老师讲解查阅主教材并观看相关视频，将拆卸发电机计划用铅笔认真填写在表 1-2-3 中。

表 1-2-3　发电机拆卸计划

工　序	内　容	工量辅具
1		
2		
3		
4		
5		

微组织 6：老师检查纠错，学生改正错误。微评价：☆☆☆☆☆

2．请根据维修手册及发电机拆卸指示，用铅笔准确标注出图 1-2-4 所示发电机中的部件名称及 10 个固定螺栓拆卸顺序。

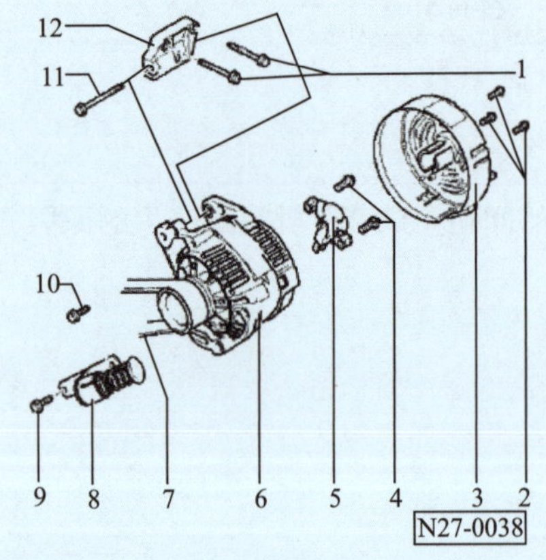

1		7	
2		8	
3		9	
4		10	
5		11	
6		12	

拆卸顺序：

图 1-2-4　发电机中的部件

微组织 7：老师检查纠错，学生改正错误。微评价：☆☆☆☆☆

3．请结合拆卸过程中对发电机的认识，查阅主教材及相关资料，回答下列问题。

（1）试说明交流发电机的工作原理。

（2）写出发电机的主要零件，同时将主要功用认真填写在表 1-2-4 中。

表 1-2-4　发电机的工作原理及主要零件功用

名　称	转子	定子	整流器	端盖
图示	磁力线 励磁绕组 N（北极） S（南极）			

续表

名　称	转子	定子	整流器	端盖
特点				
作用				
发电机原理图			发电机工作原理	

微组织 8：老师检查纠错，学生改正错误。微评价：☆☆☆☆☆

步骤四：检测与维护转子总成

1．请仔细观看老师示范，结合老师讲解查阅主教材并观看相关视频，将检测计划用铅笔认真填写在表 1-2-5 中。

表 1-2-5　发电机转子检测计划

序　号	项　目	工　序	内　容	工量辅具
1	转子断路故障检测	1		
		2		
		3		
2	转子短路故障检测	1		
		2		
		3		
3	转子绝缘性检测	1		
		2		
		3		
4	转子铁芯与转子轴直线度检测	1		
		2		
		3		

微组织 9：老师检查纠错，学生改正错误。微评价：☆☆☆☆☆

2. 请按照检测计划进行检测，并用铅笔认真填写检测记录表 1-2-6。

表 1-2-6 发电机转子检测记录

序 号	项 目	技术标准和要求	检 测 结 果	判 定 结 果
1	转子绕组电阻			继续使用□ 更换□
2	转子绕组通断			继续使用□ 更换□
3	转子绕组绝缘性			继续使用□ 更换□
4	转子铁芯与转子轴直线度		铁芯：	继续使用□ 更换□
			转子轴：	继续使用□ 更换□

微组织 10：老师检查纠错，学生改正错误。微评价：☆☆☆☆☆

3. 请结合检测过程对转子绕组的认识，查阅主教材和相关资料，简要分析转子绕组常见损伤产生原因及危害，并用铅笔认真填写在图 1-2-5 中。

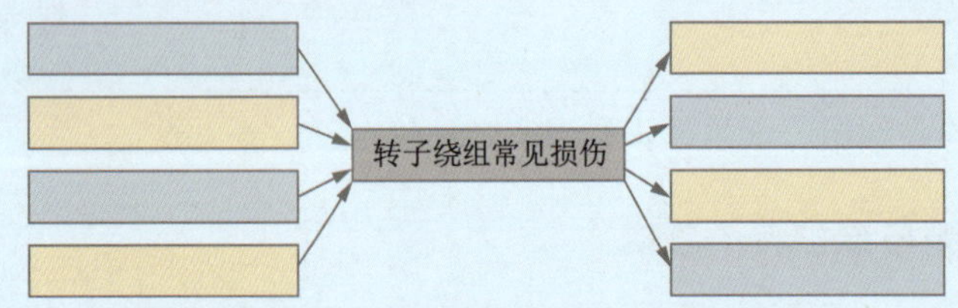

图 1-2-5 转子绕组常见损伤产生原因及危害

微组织 11：老师检查纠错，学生改正错误。微评价：☆☆☆☆☆

步骤五：检测定子总成

1. 请仔细观看老师示范，结合老师讲解查阅主教材并观看相关视频，将检测计划用铅笔认真填写在表 1-2-7 中。

表 1-2-7 发电机定子检测计划

序 号	项 目	工 序	内 容	工量辅具
1	定子绕组外观检测	1		
		2		
		3		
2	定子绕组断路、匝间短路故障、绝缘状况检测	1		
		2		
		3		

微组织 12：老师检查纠错，学生改正错误。微评价：☆☆☆☆☆

2. 请按照检测计划进行检测，并用铅笔认真填写检测记录表 1-2-8。

表 1-2-8 发电机定子检测记录

序 号	项 目	技术标准和要求	检 测 结 果	判 定 结 果
1	定子绕组外观			继续使用□ 更换□
2	定子绕组铜线外观			继续使用□ 更换□

续表

序　　号	项　　目	技术标准和要求	检 测 结 果	判 定 结 果
3	定子绕组通断			继续使用□　更换□
4	定子绕组匝间电阻			继续使用□　更换□
5	定子绕组绝缘性			继续使用□　更换□
6	定子绕组是否搭铁			继续使用□　更换□

微组织 13：老师检查纠错，学生改正错误。微评价：☆☆☆☆☆

3. 请查阅主教材和相关资料，回答下列问题。

（1）请在横线上用铅笔认真写出定子绕组的常见故障：________、________、________等。

（2）请结合检测过程对定子绕组的认识，查阅主教材和相关资料，简要分析定子绕组常见损伤产生原因及危害，并用铅笔认真填写在图 1-2-6 中。

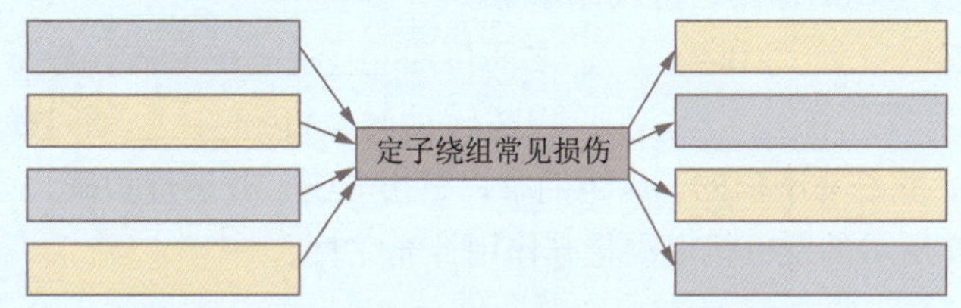

图 1-2-6　定子绕组常见损伤产生原因及危害

微组织 14：老师检查纠错，学生改正错误。微评价：☆☆☆☆☆

步骤六：检测电刷总成

1. 请仔细观看老师示范，结合老师讲解查阅主教材并观看相关视频，将检测计划用铅笔认真填写在表 1-2-9 中。

表 1-2-9　发电机电刷检测计划

序　　号	项　　目	工　　序	内　　容	工量辅具
1	电刷长度检测	1		
		2		
		3		
2	电刷工作面检测	1		
		2		
		3		
3	电刷压力弹簧检测	1		
		2		
		3		

微组织 15：老师检查纠错，学生改正错误。微评价：☆☆☆☆☆

2．请按照检测计划进行检测，并用铅笔认真填写检测记录表 1-2-10。

表 1-2-10　发电机电刷检测记录

序　号	项　目	技术标准和要求	检测结果	判定结果
1	电刷 1 长度			继续使用□　更换□
2	电刷 2 长度			继续使用□　更换□
3	电刷 1 工作面			继续使用□　更换□
4	电刷 2 工作面			继续使用□　更换□
5	电刷弹簧压力			继续使用□　更换□

微组织 16：老师检查纠错，学生改正错误。微评价：☆☆☆☆☆

3．请查阅主教材和相关资料，回答下列问题。

（1）请在横线上将电刷的作用、特点补充完整。

电刷是旋转机械的________和________之间传递________的装置，外形是方块，卡在金属支架上，里面有弹簧把它紧压在________上，电机转动时，将________通过换相器输送给线圈，其主要成分是________，它是易磨损的。应定期维护更换电刷，并清理积碳。

（2）根据图 1-2-7 所示的发电机电刷将其作用补充完整。

发电机电刷的作用：

① 将________通过电刷而加到转动的________上。

② 将大轴上的________经过电刷引入________。

③ 改变电流________。

④ 将大轴（地）引至保护装置供转子________及测量转子正负________。

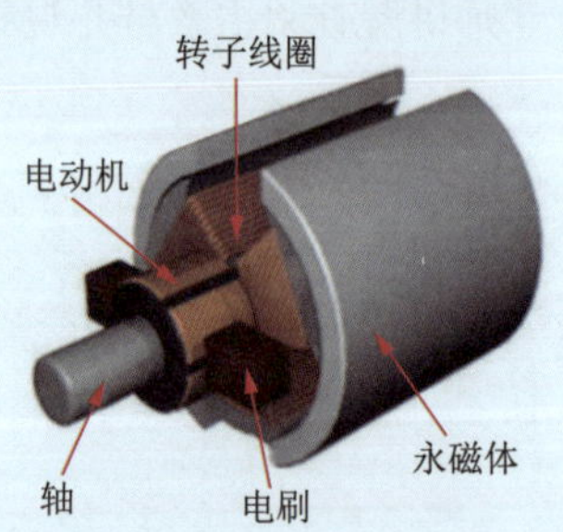

图 1-2-7　发电机电刷

微组织 17：老师检查纠错，学生改正错误。微评价：☆☆☆☆☆

（3）请结合检测过程对电刷的认识，查阅主教材和相关资料，简要分析电刷常见损伤产生原因及危害，并用铅笔认真填写在图 1-2-8 中。

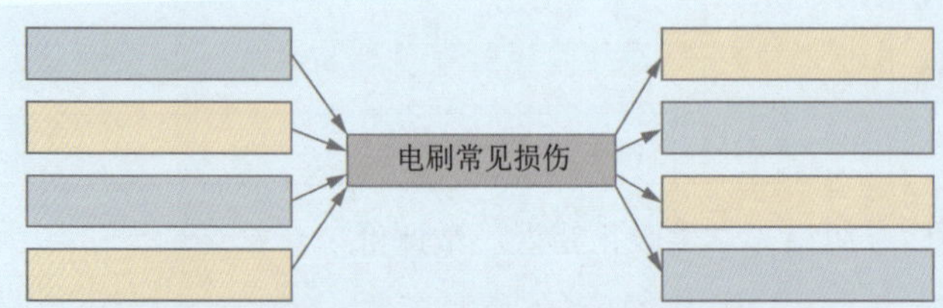

图 1-2-8　发电机电刷常见损伤产生原因及危害

微组织 18：老师检查纠错，学生改正错误。微评价：☆☆☆☆☆

步骤七：检测电压调节器

1．请仔细观看老师示范，结合老师讲解查阅主教材并观看相关视频，将检测计划用铅笔认真填写在表 1-2-11 中。

表 1-2-11　发电机电压调节器检测计划

序　号	项　目	工　序	内　容	工量辅具
1	检测电压调节器准备工作	1		
		2		
		3		
2	测量接线柱间电阻值	1		
		2		
3	测试电压调节器性能	1		
		2		

微组织 19：老师检查纠错，学生改正错误。微评价：☆☆☆☆☆

2．请按照检测计划参照图 1-2-9 接线并进行检测，并用铅笔认真填写检测记录表 1-2-12。

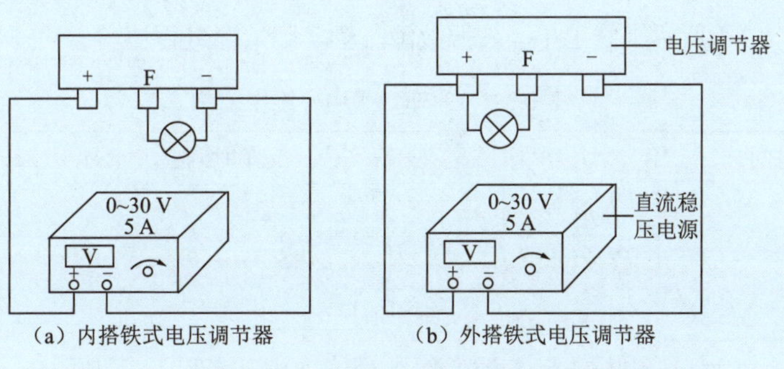

（a）内搭铁式电压调节器　（b）外搭铁式电压调节器

图 1-2-9　用直流稳压电源检查电子式电压调节器接线图

表 1-2-12　电压调节器检测记录

序　号	项　目	技术标准和要求	检 测 结 果	判 定 结 果
1	电压调节器接线柱间电阻值			继续使用□　更换□
				继续使用□　更换□
				继续使用□　更换□
2	直流稳压电源检验性能			继续使用□　更换□
3	试灯检验性能			继续使用□　更换□

微组织 20：老师检查纠错，学生改正错误。微评价：☆☆☆☆☆

案例

案例：发动机起动后，仪表盘上的充电指示灯始终亮着。

故障原因：

1. 发电机磁场绕组短路、断路或搭铁而导致磁场电流减小或不通。
2. 定子绕组短路、断路或搭铁故障。
3. 整流器故障、电刷与滑环接触不良、调节器故障。
4. 发电机的传动带过松而打滑，发电机不转或转速过低而不发电。

故障排除：当充电指示灯长亮时，说明点火开关、熔丝以及充电指示灯技术状态良好，起动发动机并将其转速逐渐升高，此时用万用表检测发电机 B 端子与发电机壳体间电压，如果万用表指示的电压高于蓄电池电压，说明发电机发电，可能发电机 B 端子与蓄电池正极的线路断路；如果电压为零或过低，说明充电系统有故障，应按如下方法继续检查。断开点火开关，检查发电机传动带的挠度是否符合规定（5 ～ 7 mm），挠度过大应调整；如果传动带的挠度正常，则继续检查，拆下调节器接线端子上的导线，接通点火开关，用万用表检测调节器接线柱上的导线电压；如果电压为零，充电指示灯亮，说明仪表盘与调节器之间的线路搭铁，应予以检修。

任务三　排除汽车电源系统故障

步骤一：确认故障现象

1. 请对照表 1-3-1 所示维修工单，按照故障车辆实际情况进行填写。

表 1-3-1　汽车维修中心维修工单

<table>
<tr><td colspan="10">来店时间：　　年　　月　　日　　时　　　　交车时间：　　月　　日　　时</td></tr>
<tr><td colspan="2">顾客姓名</td><td></td><td>车牌号</td><td></td><td colspan="2">车型</td><td></td><td>车辆颜色</td><td></td></tr>
<tr><td colspan="2">顾客电话</td><td></td><td>行驶里程</td><td></td><td colspan="2">VIN 号</td><td colspan="3"></td></tr>
<tr><td colspan="10">维修项目</td></tr>
<tr><td colspan="10">km 常规保养□　一般维修□　事故车□　洗车□　其他□</td></tr>
<tr><td>序号</td><td>维修项目</td><td>配件</td><td>工时</td><td>合计</td><td>序号</td><td>维修项目</td><td>配件</td><td>工时</td><td>合计</td></tr>
<tr><td>1</td><td></td><td></td><td></td><td></td><td>8</td><td></td><td></td><td></td><td></td></tr>
<tr><td>2</td><td></td><td></td><td></td><td></td><td>9</td><td></td><td></td><td></td><td></td></tr>
<tr><td>3</td><td></td><td></td><td></td><td></td><td>10</td><td></td><td></td><td></td><td></td></tr>
<tr><td>4</td><td></td><td></td><td></td><td></td><td>11</td><td></td><td></td><td></td><td></td></tr>
<tr><td>5</td><td></td><td></td><td></td><td></td><td>12</td><td></td><td></td><td></td><td></td></tr>
<tr><td>6</td><td></td><td></td><td></td><td></td><td>13</td><td></td><td></td><td></td><td></td></tr>
<tr><td>7</td><td></td><td></td><td></td><td></td><td colspan="2">合计：</td><td></td><td></td><td></td></tr>
<tr><td colspan="10">故障描述及诊断结果</td></tr>
<tr><td colspan="10"></td></tr>
</table>

旧　　件	环车检查
带走□　不带走□	外观检查（有损坏处用○标记）

油量显示（用→标记）	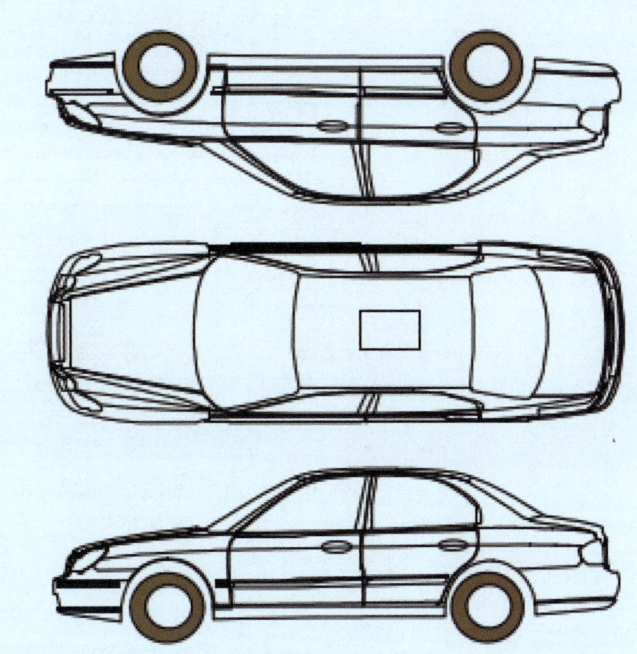						
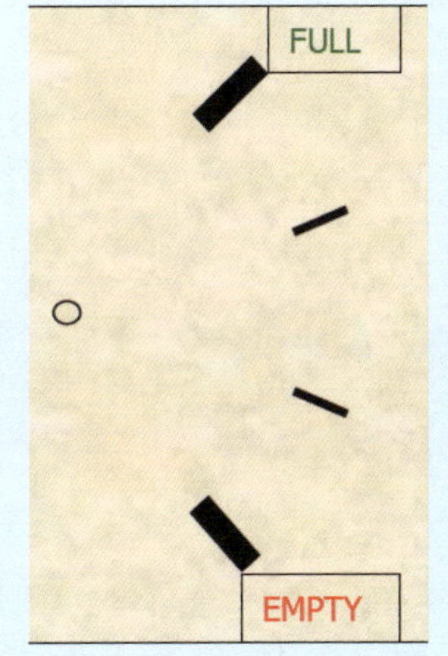							
灯光检测		轮胎检测		制动检测		底盘检测	
接车人签字：				**顾客签字：**			

微组织 1：老师检查纠错，学生改正错误。微评价：☆☆☆☆☆

步骤二：作业准备

请详细复述作业准备项目与内容，对照表 1-3-2 核准检查。若已准备好，请用铅笔在相应项目内容后的方框内画上“√”；若有遗漏，请补充后再画上“√”。

表 1-3-2　排除汽车电源系统故障作业准备检查表

项　目	内　容
作业场地	带有消防设施的作业场地□
设备设施	1ZR-FE 发动机台架□　工具车□　零件车□　吹气枪□　垃圾桶□
工量辅具	套筒扳手组合套具□　百分表□　磁力座□　V形架□　开口扳手□　万用表□　万用表□　一字螺丝刀□　预置力式扭力扳手□　开口扳手□　游标卡尺□　塑料锤□　弹簧测力计□　壁纸刀□　枕木□　抹布□　高频放电计□　充电机□
耗材	清洁布□　泡沫清洁剂□　塑料测隙规□

微组织 2：老师检查纠错，学生改正错误。微评价：☆☆☆☆☆

步骤三：检修蓄电池

1. 请仔细观看老师示范，结合老师讲解查阅主教材并观看相关视频，在图 1-3-1 中将排故流程图补充完整。

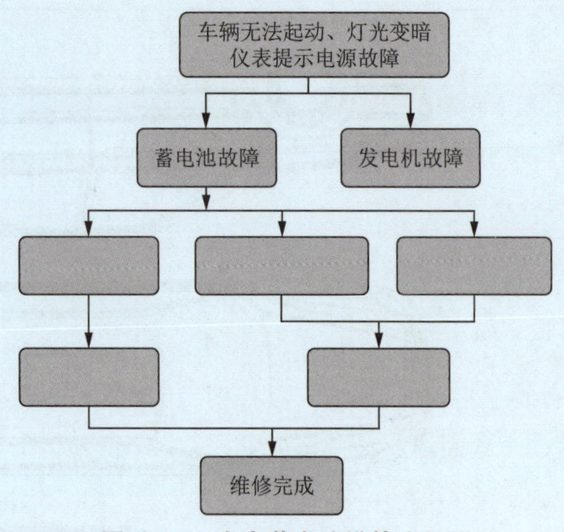

图 1-3-1　汽车蓄电池排故流程图

微组织 3：老师检查纠错，学生改正错误。微评价：☆☆☆☆☆

2．请根据排故流程图，结合老师讲解查阅主教材并观看相关视频，写出排故思路。

微组织 4：老师检查纠错，学生改正错误。微评价：☆☆☆☆☆

3．请仔细观看老师示范，结合老师讲解查阅主教材并观看相关视频，将检修计划用铅笔认真填写在表 1-3-3 中。

表 1-3-3　蓄电池检修计划

工　序	内　容	工量辅具
1		
2		
3		
4		
5		

微组织 5：老师检查纠错，学生改正错误。微评价：☆☆☆☆☆

4．请仔细观看老师示范，结合老师讲解查阅主教材并观看相关视频，根据图 1-3-2 ～图 1-3-4 提示（提示为主要检测内容，可增减）对蓄电池进行检测，然后用铅笔将检测结果及判定结果认真填写在表 1-3-4 中。

图 1-3-2　测静态电压

图 1-3-3　测放电程度

图 1-3-4　蓄电池充电

表 1-3-4　蓄电池检测结果

序　　号	项　　目	技术标准和要求	检 测 结 果	判 定 结 果
1	电压调节器接线柱间电阻值			继续使用□　更换□
2				继续使用□　更换□
3				继续使用□　更换□
4	蓄电池充电			

微组织 6：老师检查纠错，学生改正错误。微评价：☆☆☆☆☆

5. 请根据检修计划实施检修，详细总结操作过程中出现的问题，并试着分析问题产生的原因，归纳出关键词，用铅笔认真填写在图 1-3-5 中。

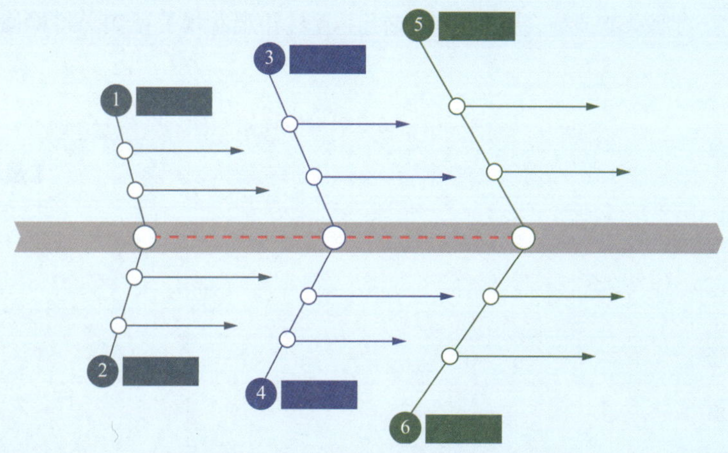

图 1-3-5　操作过程中出现的问题与原因

微组织 7：老师检查纠错，学生改正错误。微评价：☆☆☆☆☆

步骤四：检修发电机

1. 请仔细观看老师示范，结合老师讲解查阅主教材并观看相关视频，在图 1-3-6 中将排故流程图补充完整。

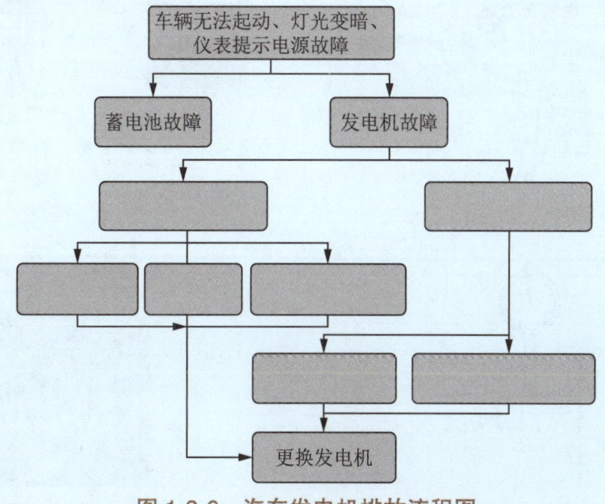

图 1-3-6　汽车发电机排故流程图

2．请根据排故流程图，结合老师讲解查阅主教材并观看相关视频，写出排故思路。

微组织 8：老师检查纠错，学生改正错误。微评价：☆☆☆☆☆

3．请仔细观看老师示范，结合老师讲解查阅主教材并观看相关视频，将检修计划用铅笔认真填写在表 1-3-5 中。

表 1-3-5　发电机检修计划

工　序	内　容	工量辅具
1		
2		
3		
4		
5		
6		

微组织 9：老师检查纠错，学生改正错误。微评价：☆☆☆☆☆

4．请仔细观看老师示范，结合老师讲解查阅主教材并观看相关视频，根据图 1-3-7 ～图 1-3-10 提示（提示为主要检测内容，可增减）对发电机进行检测，然后用铅笔将检测结果及判定结果认真填写在表 1-3-6 中。

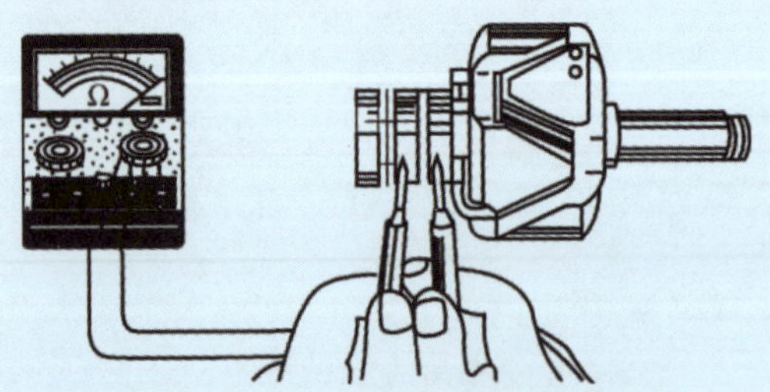

图 1-3-7　磁场绕组断路、短路故障检测

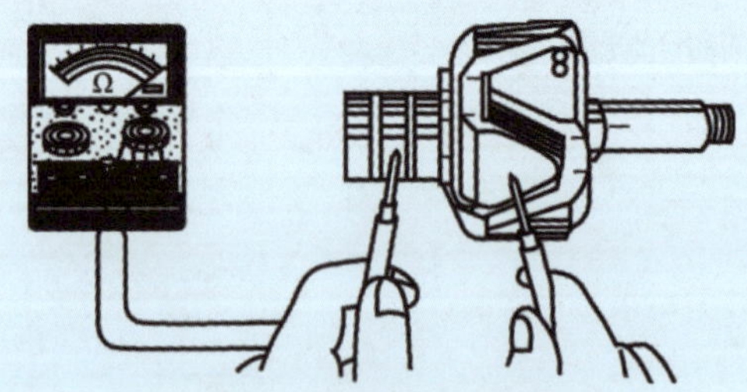

图 1-3-8　磁场绕组电阻检测

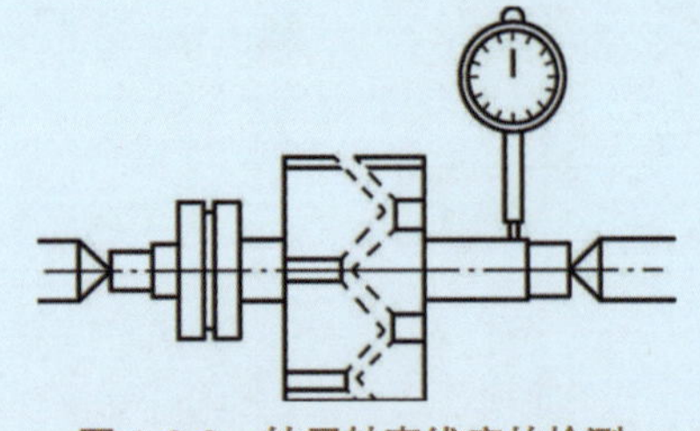

图 1-3-9　转子轴直线度的检测

图 1-3-10　电刷检测

表 1-3-6　发电机检测结果

<table>
<tr><th>序　号</th><th>项　目</th><th>技术标准和要求</th><th>检 测 结 果</th><th>判 定 结 果</th></tr>
<tr><td>1</td><td>转子绕组电阻</td><td></td><td></td><td>继续使用□　更换□</td></tr>
<tr><td>2</td><td>转子绕组通断</td><td></td><td></td><td>继续使用□　更换□</td></tr>
<tr><td>3</td><td>转子绕组绝缘性</td><td></td><td></td><td>继续使用□　更换□</td></tr>
<tr><td rowspan="2">4</td><td rowspan="2">转子铁芯与转子轴直线度</td><td></td><td>铁芯：</td><td>继续使用□　更换□</td></tr>
<tr><td></td><td>转子轴：</td><td>继续使用□　更换□</td></tr>
<tr><td>5</td><td>定子绕组外观</td><td></td><td></td><td>继续使用□　更换□</td></tr>
<tr><td>6</td><td>定子绕组铜线外观</td><td></td><td></td><td>继续使用□　更换□</td></tr>
<tr><td>7</td><td>定子绕组通断</td><td></td><td></td><td>继续使用□　更换□</td></tr>
<tr><td>8</td><td>定子绕组匝间电阻</td><td></td><td></td><td>继续使用□　更换□</td></tr>
<tr><td>9</td><td>定子绕组绝缘性</td><td></td><td></td><td>继续使用□　更换□</td></tr>
<tr><td>10</td><td>定子绕组是否搭铁</td><td></td><td></td><td>继续使用□　更换□</td></tr>
<tr><td>11</td><td>电刷 1 长度</td><td></td><td></td><td>继续使用□　更换□</td></tr>
<tr><td>12</td><td>电刷 2 长度</td><td></td><td></td><td>继续使用□　更换□</td></tr>
<tr><td>13</td><td>电刷 1 工作面</td><td></td><td></td><td>继续使用□　更换□</td></tr>
<tr><td>14</td><td>电刷 2 工作面</td><td></td><td></td><td>继续使用□　更换□</td></tr>
<tr><td>15</td><td>电刷弹簧压力</td><td></td><td></td><td>继续使用□　更换□</td></tr>
<tr><td rowspan="3">16</td><td rowspan="3">电压调节器接线柱间电阻值</td><td></td><td></td><td rowspan="3">继续使用□　更换□</td></tr>
<tr><td></td><td></td></tr>
<tr><td></td><td></td></tr>
<tr><td>17</td><td>直流稳压电源检验性能</td><td></td><td></td><td>继续使用□　更换□</td></tr>
<tr><td>18</td><td>试灯检验性能</td><td></td><td></td><td>继续使用□　更换□</td></tr>
</table>

微组织 10：老师检查纠错，学生改正错误。微评价：☆☆☆☆☆

5．请根据检修计划实施检修，详细总结操作过程中出现的问题，试着分析问题产生的原因，并归纳出关键词，用铅笔认真填写在图 1-3-11 中。

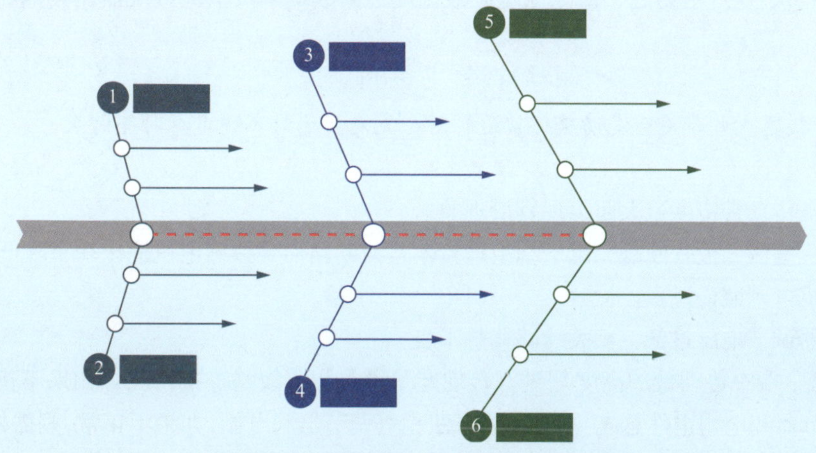

图 1-3-11　操作过程中出现的问题与原因

微组织 11：老师检查纠错，学生改正错误。微评价：☆☆☆☆☆

6. 请结合检修过程中对连杆损伤的认识查阅主教材和相关资料，总结汽车发电机常见损伤形式，用铅笔认真填写在图 1-3-12 的椭圆中，并试着简要分析损伤产生的原因填写在圆圈内。

图 1-3-12　汽车发电机常见损伤形式及原因

微组织 12：老师检查纠错，学生改正错误。微评价：☆☆☆☆☆

7. 请根据检修计划实施检修作业，总结在检修发电机过程中应注意的问题，并用铅笔认真写在下面的方格中。

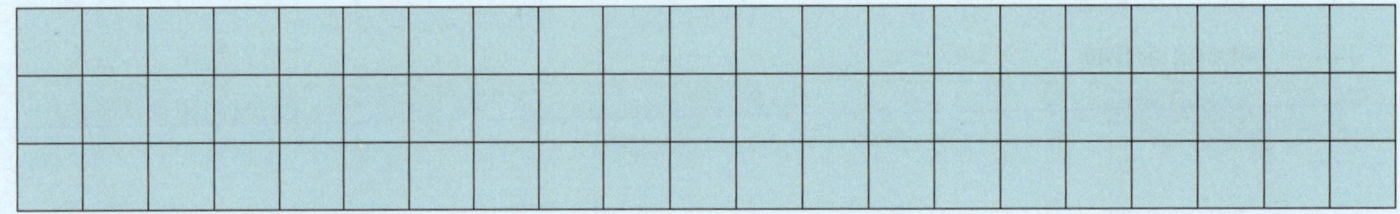

微组织 13：老师检查纠错，学生改正错误。微评价：☆☆☆☆☆

案例

案例一：汽车灯泡易烧，蓄电池温度过高且其电解液消耗过快。

故障原因：发电机充电电流过大，原因往往是由于电压调节器调节电压过高或者是由于调节器失效造成的。

故障排除：确认灯泡易烧、蓄电池电解液温度过高或电解液消耗过快而无其他原因时，应更换调节器。

案例二：接通点火开关后发动机正常运转时，充电指示灯不稳定，时亮时灭。

故障原因：

1. 发电机传动带挠度过大而出现打滑现象。
2. 发电机整流二极管断路、定子绕组连接不良或断路而导致发电机输出功率降低。
3. 发电机电刷磨损过多。
4. 调节器调节电压过低，相关线路接触不良。

故障排除：检查传动带的挠度是否符合规定；检查相关线路连接情况，如果不正常，则需要检修;拆下调节器和电刷组件总成,并按前述方法检查调节器和电刷,如果不正常,则需检修或更换;检修发电机总成。

项目二　检修汽车起动系统

项目任务单

项目描述	完成 2018 款迈腾 B8 1.8 T 车型起动系统的检修与故障排除作业
项目要求	符合 2018 款迈腾 B8 1.8 T 车型的汽车技术要求与标准，正确使用工具，完成如下作业： 1．检修起动机作业。 2．排除起动系统典型故障
学习目标	1．归纳汽车起动机拆装、检修作业方法。 2．总结起动系统典型故障排除作业方法。 3．规范地对起动机进行拆装、检修作业。 4．规范地对起动系统常见故障进行分析、诊断与排除作业。 5．养成自觉遵守技术标准和要求规定、规范操作、安全、环保、5S 作业、团结协作的好习惯。 6．德技并修做一名优秀汽车医生。 7．掌握思维导图故障判断方法
项目载体	 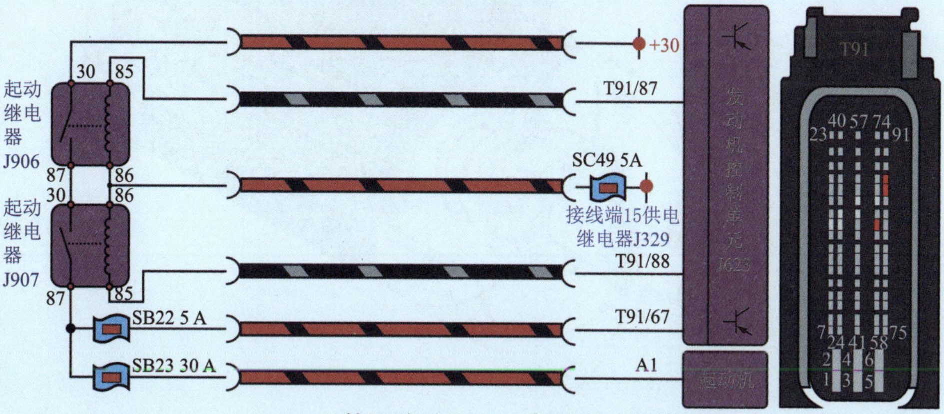 2018 款迈腾 B8 1.8 T 车型起动系统
计划学时	12 ～ 16 学时

工作页	上课地点		学生姓名		完成 / 未完成
	任课老师		上课时间		优 / 良 / 中 / 及格

项目导入

一、讲一讲：汽车起动机的前世今生

一般每个驾驶人在上车以后做的第一件事，就是“打火儿”。早期，发动汽车内燃机时，要在汽车前部插入一根摇把，用力摇，既费力又危险。由于发动机的反冲，弹得摇把飞转，常把人打伤。

1909 年，当时 33 岁的凯特林接到凯迪拉克汽车公司总裁的一封电报，他的一个好朋友最近被飞转的汽车摇把打伤，请他考虑发明一种帮助发动汽车的起动机。凯特林回到谷仓后便开始着手试验，想找到既能保持部件小巧，又有足够力量的起动装置。1910 年 12 月 24 日，凯特林终于坐在汽车驾驶室中，按动电钮，马达便轰鸣和旋转起来。随后，他又继续对起动机做了进一步改进。他的发明结果是显而易见的，帮助了许多汽车驾驶人。

你知道什么是起动机吗？请查阅主教材或相关资料，结合汽车起动机示意图用铅笔将其工作过程认真写在下面方格内。

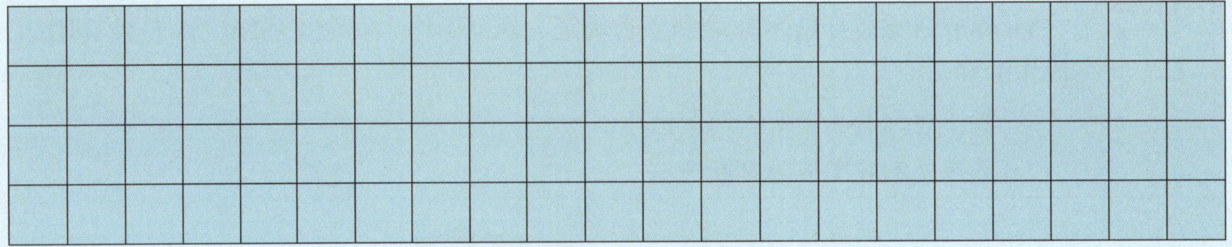

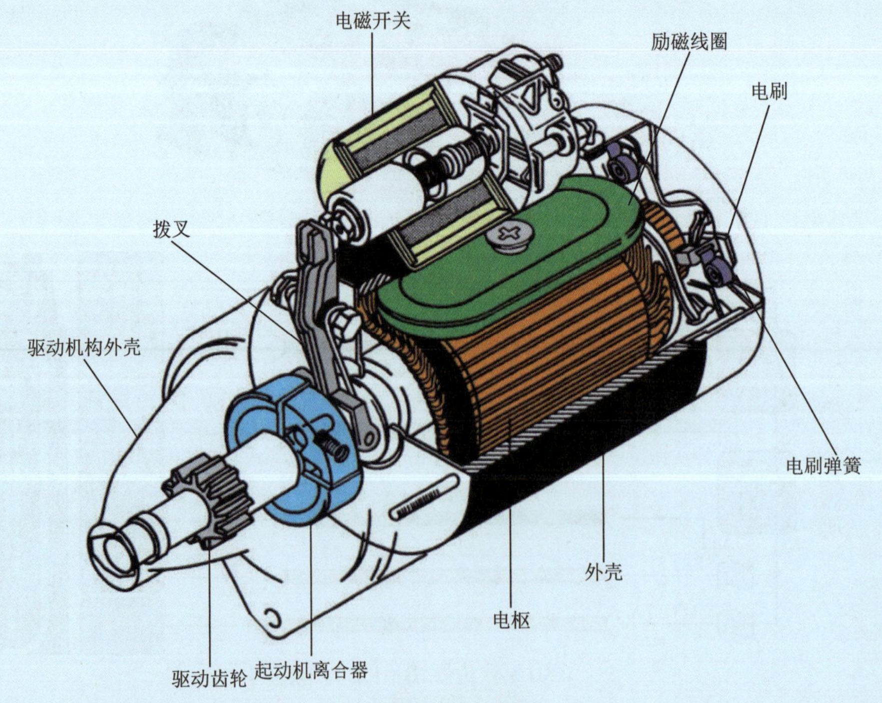

汽车起动机示意图

微组织 1：老师检查纠错，学生改正错误。微评价：☆☆☆☆☆

二、安全教育与防护要求

请按安全与防护要求做好防护准备，并进行互检。若已完成，请用铅笔在方框内打“√”。

□工作服穿戴要“四紧”。

□严禁佩戴手表等金属首饰。

□严禁摆弄与本任务无关的设备和工具。

□严禁嬉戏打闹。

微组织 2：老师检查纠错，学生改正错误。微评价：☆☆☆☆☆

项目实施

任务一　检修起动机

步骤一：作业准备

请详细复述作业准备项目与内容，对照表 2-1-1 核准检查。若已准备好，请用铅笔在相应项目内容后的方框内画上“√”；若有遗漏，请补充后再画上“√”。

表 2-1-1　起动机检修作业准备检查表

项　目	内　容
作业场地	带有消防设施的作业场地□
设备设施	1ZR-FE 发动机台架□　工具车□　零件车□　吹气枪□　垃圾桶□
工量辅具	套筒扳手组合套具□　预置力式扭力扳手□　塑料锤□　机油壶□　曲轴旋转套筒□　游标卡尺□　指针式扭力扳手□　百分表及磁性表座□
耗材	清洁布□　泡沫清洁剂□　发动机机油□　红色油漆□　着色渗透探伤剂（清洁剂 / 去除剂、渗透剂、显像剂）□　塑料间隙规□

微组织 1：老师检查纠错，学生改正错误。微评价：☆☆☆☆☆

步骤二：拆装起动机

1. 请仔细观看老师示范，结合老师讲解查阅主教材并观看相关视频，将拆装计划用铅笔认真填写在表 2-1-2 中。

表 2-1-2　起动机拆装计划

工　序	内　容	工量辅具
1		
2		
3		
4		
5		
6		

续表

工　序	内　容	工量辅具
7		
8		
9		
10		
11		

微组织 2：老师检查纠错，学生改正错误。微评价：☆☆☆☆☆

2．请根据拆装计划实施拆卸，详细总结操作过程中出现的问题，试着分析产生的原因，并归纳出关键词，用铅笔认真填写在图 2-1-1 中。

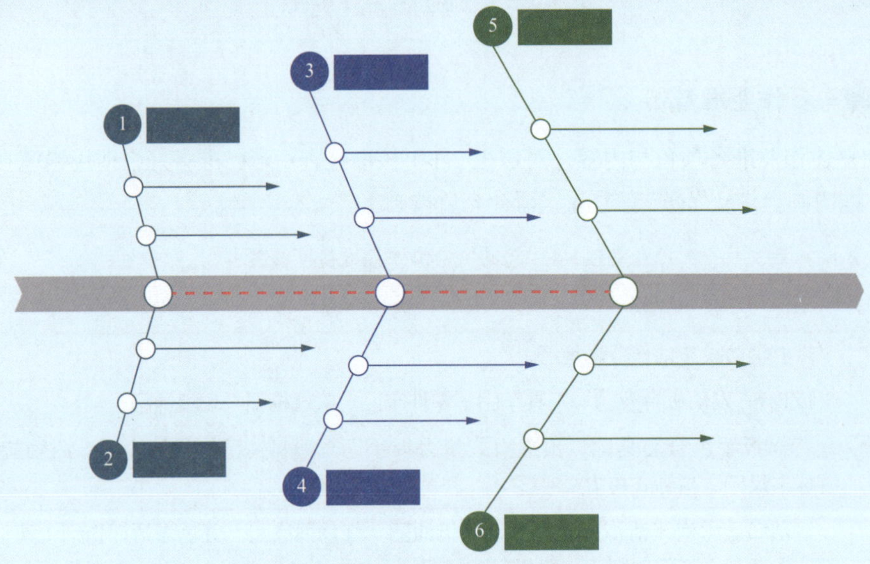

图 2-1-1　操作过程中出现的问题与原因

微组织 3：老师检查纠错，学生改正错误。微评价：☆☆☆☆☆

3．请根据拆装计划实施安装，总结气缸盖在安装过程中应注意的问题，并用铅笔认真写在下面方格中。

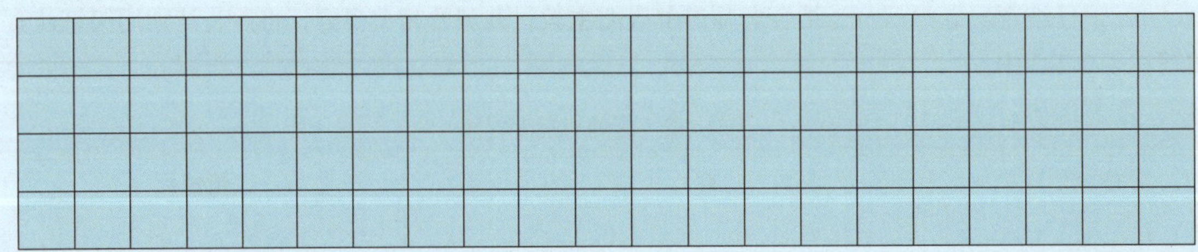

微组织 4：老师检查纠错，学生改正错误。微评价：☆☆☆☆☆

4. 请结合拆装过程中认识的起动机，查阅主教材并观看相关视频，在图 2-1-2 下面的横线上用铅笔认真写出起动机组成部分名称并陈述其功用。

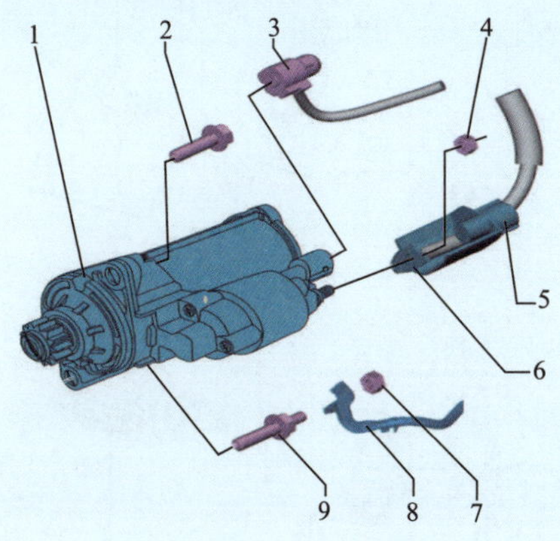

图 2-1-2　汽车起动机

1 ____________ 2 ____________ 3 ____________ 4 ____________

5 ____________ 6 ____________ 7 ____________ 8 ____________ 9 ____________

微组织 5：老师检查纠错，学生改正错误。微评价：☆☆☆☆☆

5. 请查阅教材和维修手册，完善表 2-1-3。

表 2-1-3　起动机盖安装技术标准

项　　目	标　　准
起动机固定螺母、螺栓	
接地线固定螺母、螺栓	
盖板螺栓	

微组织 6：老师检查纠错，学生改正错误。微评价：☆☆☆☆☆

步骤三：拆卸起动机

1. 请仔细观看老师示范，结合老师讲解查阅主教材并观看相关视频，将拆卸计划用铅笔认真填写在表 2-1-4 中。

表 2-1-4　起动机拆卸计划

工　　序	内　　容	工量辅具
1		
2		
3		
4		
5		
6		
7		
8		

微组织 7：老师检查纠错，学生改正错误。微评价：☆☆☆☆☆

2．用铅笔及阿拉伯数字准确标注出图 2-1-3 所示起动机零件拆卸顺序。

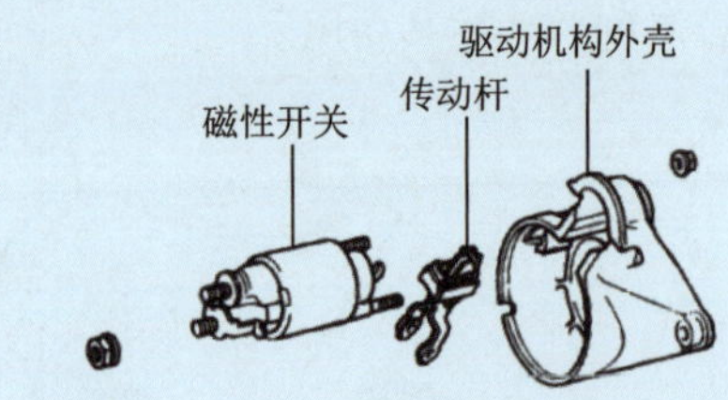

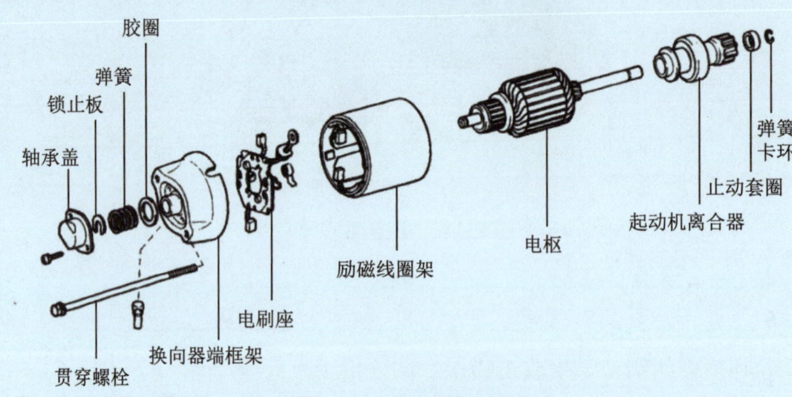

图 2-1-3　汽车发动机零件

微组织 8：老师检查纠错，学生改正错误。微评价：☆☆☆☆☆

3．请结合拆卸过程中认识的起动机零部件，查阅主教材并观看相关视频，在图 2-1-4 下面的横线上用铅笔认真写出汽车起动机组组成部分名称并陈述其功用。

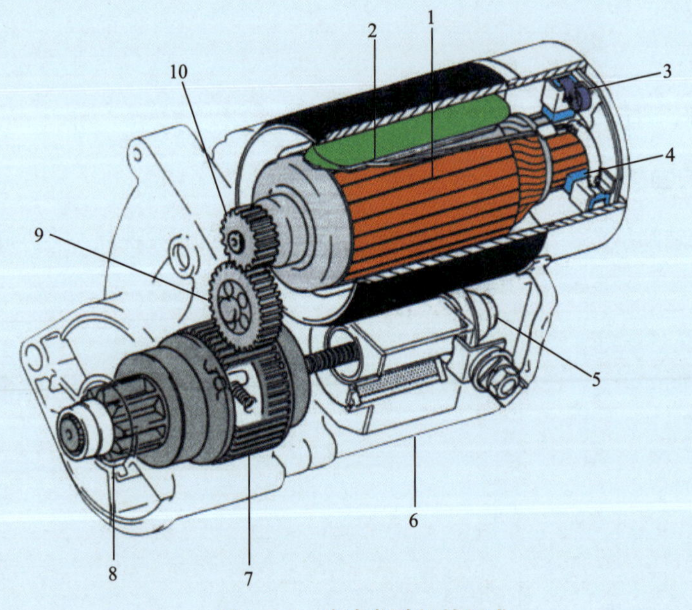

图 2-1-4　汽车起动机的组成

1 ____________ 2 ____________ 3 ____________ 4 ____________ 5 ____________

6 ____________ 7 ____________ 8 ____________ 9 ____________ 10 ____________

微组织 9：老师检查纠错，学生改正错误。微评价：☆☆☆☆☆

4．请结合拆卸过程中认识的汽车起动机零部件，结合图 2-1-5 查阅主教材并观看相关视频，用铅笔在方格中认真地写出汽车起动机的电磁开关的工作过程。

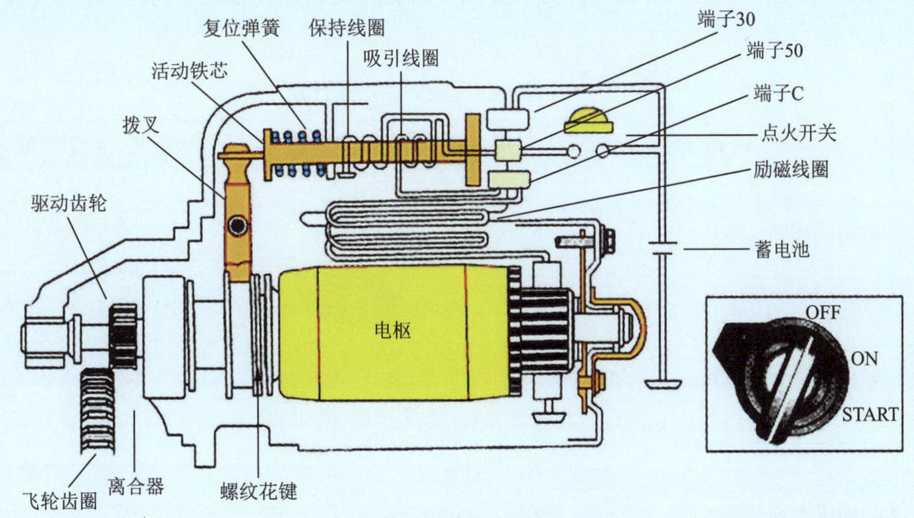

图 2-1-5　汽车起动机的电磁开关

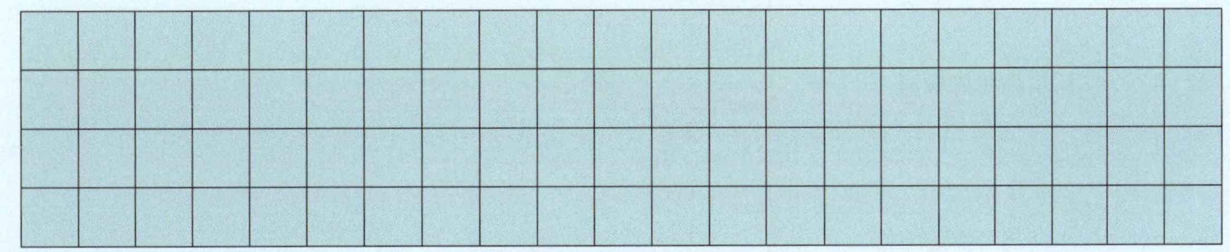

微组织 10：老师检查纠错，学生改正错误。微评价：☆☆☆☆☆

5．请根据拆卸计划实施拆卸，详细总结操作过程中出现的问题，并分析产生的原因，归纳出关键词，用铅笔认真填写在图 2-1-6 中。

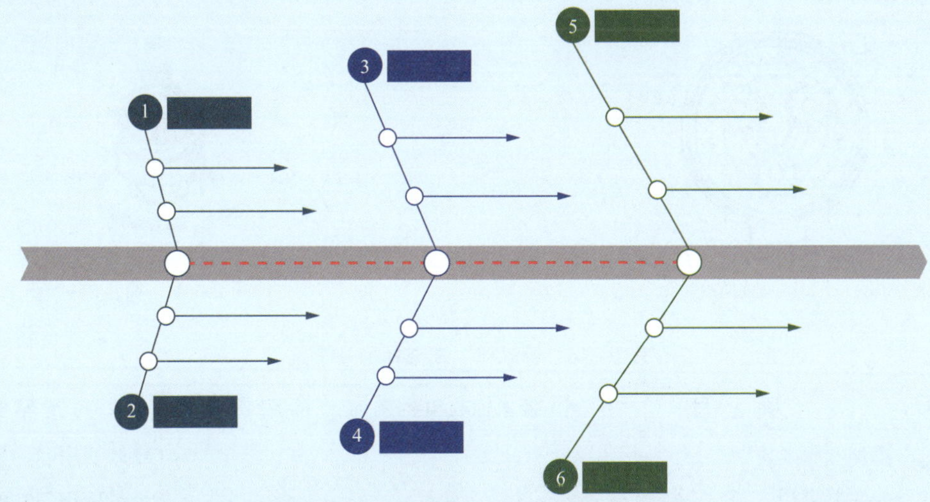

图 2-1-6　操作过程中出现的问题与原因

微组织 11：老师检查纠错，学生改正错误。微评价：☆☆☆☆☆

步骤四：起动机主要部件检修

1．请仔细观看老师示范，结合老师讲解查阅主教材并观看相关视频，将检修计划用铅笔认真填写在表 2-1-3 中。

表 2-1-3　起动机主要部件检修计划

序　　号	项　　目	工　　序	内　　容	工 量 具
1	电枢的检修	1		
		2		
		3		
2	起动机电刷的检修	1		
		2		
		3		
3	起动机电刷架的检修	1		
		2		
		3		
4	行星齿轮的检修	1		
		2		
		3		
5	单向离合器的检修	1		
		2		
		3		

微组织 12：老师检查纠错，学生改正错误。微评价：☆☆☆☆☆

2．请按照检修计划并结合图 2-1-7、图 2-1-8 进行检修，用铅笔认真填写检修记录表 2-1-4。

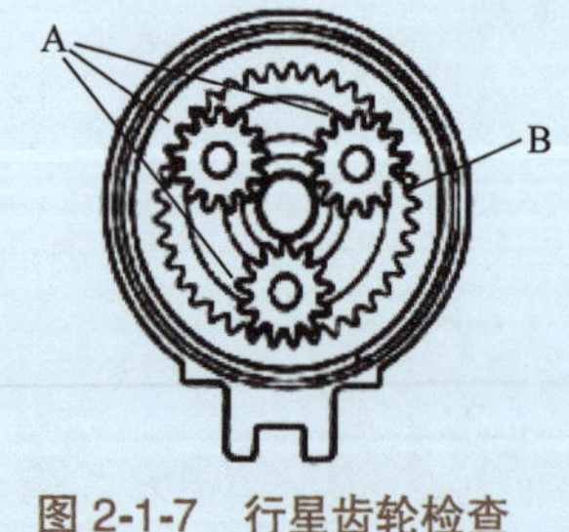

图 2-1-7　行星齿轮检查

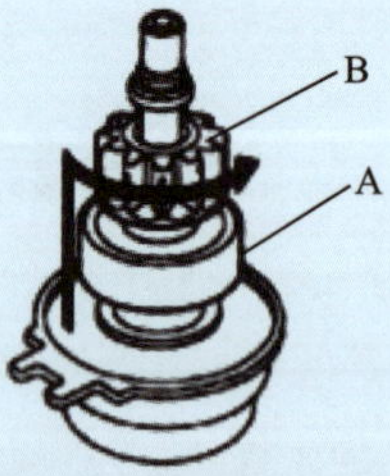

图 2-1-8　离合器检查

表 2-1-4　起动机主要部件检修记录

序　　号	项　　目	技术标准和要求	检 测 结 果	判 定 结 果
1	电枢外观			继续使用□　更换□
2	换向器直径			继续使用□　更换□
3	换向器径向圆跳动量			继续使用□　更换□
4	测量电枢通断			继续使用□　更换□

续表

序　　号	项　　目	技术标准和要求	检 测 结 果	判 定 结 果
5	测量电枢电阻			继续使用□　更换□
6	测量电枢电阻绝缘性			继续使用□　更换□
7	测量电刷间导通性			继续使用□　更换□
8	检查行星齿轮 A			继续使用□　更换□
9	检查行星齿内齿圈 B			继续使用□　更换□
10	检查单向离合器			继续使用□　更换□
11	检测连杆轴承油膜间隙			继续使用□　更换□

微组织 13：老师检查纠错，学生改正错误。微评价：☆☆☆☆☆

3. 请根据行星齿工况，结合检修过程中对行星齿的认识，查阅主教材和相关资料，总结其常见损伤形式，将关键词用铅笔认真填写在图 2-1-14 中的小方框内，并试着简要分析产生原因填写在大方框内。

图 2-1-9　行星齿轮常见损伤及原因

微组织 14：老师检查纠错，学生改正错误。微评价：☆☆☆☆☆

4. 请根据检修计划进行拆卸、检修，总结起动机在拆卸、检修过程中应注意的问题，并用铅笔认真写在下面方格中。

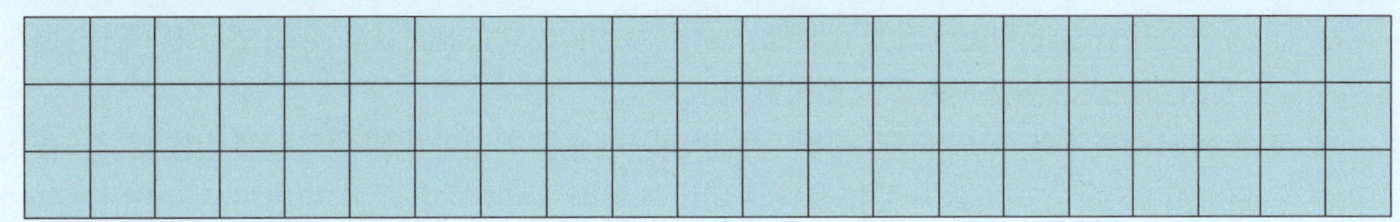

微组织 15：老师检查纠错，学生改正错误。微评价：☆☆☆☆☆

案例

案例一：接通起动开关，起动机运转卡滞停顿或起动机运转速度缓慢。

故障原因：

1. 蓄电池亏电或有短路故障使其供电能力降低。
2. 起动机主电路接触电阻增大使起动机工作电流减小。
3. 磁场绕组或电枢绕组局部短路使起动机输出功率降低。
4. 起动机电枢轴承损坏，导致转动阻力过大。

5. 起动机装配过紧或工作环境温度偏低引起起动力矩过大，也可能出现起动机运转无力。

故障排除：

1. 检查蓄电池和连接线路是否正常，要特别注意检查蓄电池极柱、起动和搭铁电缆接头等处是否接触良好。

2. 如果蓄电池和线路良好，则表明起动机有故障。首先，考虑汽车起动系统故障时的环境因素，低温严寒会让蓄电池内的电阻增大，影响发动机运转。其次，检查起动机蓄电池电量是否充足，如果充足，则检测起动机开关线路。可以将开关上的接线柱直接用导线连接起来，如果起动机运转速度无变化，则说明不是线路接触不良造成；如果起动机高速运转，则说明接触不良，检查是否松动、腐蚀后进行处理。再次，对起动机轴承进行检查，轴承弯曲、过紧可能造成上述故障。

案例二：接通开关后，起动机不转。

故障原因：

1. 蓄电池亏电，连接导线断路，接头松脱。

2. 启动继电器触点严重烧蚀或其线圈断路。

3. 起动机电磁开关的触点严重烧蚀或其吸拉线圈断路。

4. 起动机直流电动机内部绕组断路或短路。

5. 起动机内部有故障，如电枢轴弯曲、换向器严重烧蚀、电刷磨损过多、电刷在电刷架内卡住或电刷压簧过软等。

故障排除：

1. 按下起动机开关，起动机不转时，开前照灯或按喇叭，检查电路是否有电。若大灯不亮，喇叭不响，则应检查蓄电池及导线是否无电或断路。若电缆头松脱，重新紧固即可；若电缆头没有松脱，说明蓄电池无电或电流太弱，应立即充电。

2. 若按喇叭声音响亮，说明蓄电池有电，应检查起动线路是否连接完好，有无短路、断路等现象，这时可用螺丝刀将起动机开关两接线柱搭接。若起动机空转，则起动机开关有问题；如果起动机不转，并伴有强烈火花，则起动机内部有短路或搭铁处；如果既不转动，也无火花，则说明起动机内部有断路处。

3. 用万用表检查电枢和磁场看是否断路。通过检查若发现电枢断路，应更换电枢；若电枢没有断路，说明断路是由磁场造成的，应更换磁场。

4. 新换的起动机不转。应检查起动机上的相线和电磁开关上的电阻短路线是否接反了。相线（粉红色或红白两色）应与电磁开关接线柱中那个与磁场没有导电板的接线柱相连。电阻短路线（白色或蓝色、蓝白色）和电磁开关接线柱导电板连接的那个接线柱相连。

5. 起动机不转除了自身的原因外，若将蓄电池直接用于起动机供电，起动机转动有力，则故障可能在发动机。

任务二　排除起动机不运转故障

步骤一：检查故障车辆

1. 请对照表 2-2-1 所示的维修工单，按照故障车辆实际情况进行填写。

表 2-2-1　汽车维修中心维修工单

来店时间：　　年　　月　　日　　时					交车时间：　　月　　日　　时				
顾客姓名			车牌号		车型			车辆颜色	
顾客电话			行驶里程		VIN 号				
维修项目									
km 常规保养□　一般维修□　事故车□　洗车□　其他□									
序号	维修项目	配件	工时	合计	序号	维修项目	配件	工时	合计
1					8				
2					9				
3					10				
4					11				
5					12				
6					13				
7					合计：				
故障描述及诊断结果									

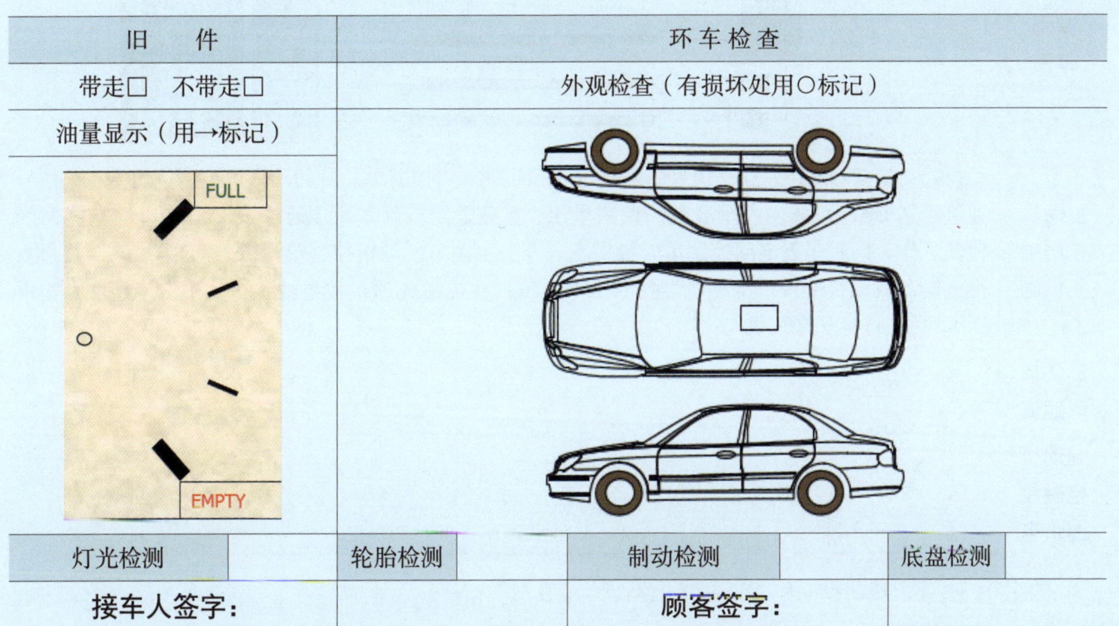

旧　　件			环车检查				
带走□　不带走□			外观检查（有损坏处用○标记）				
油量显示（用→标记）							
灯光检测		轮胎检测		制动检测		底盘检测	
接车人签字：				顾客签字：			

微组织 1：老师检查纠错，学生改正错误。微评价：☆☆☆☆☆

步骤二：作业准备

请详细复述作业准备项目与内容，对照表 2-2-2 核准检查。若已准备好，请用铅笔在相应项目内容后的方框内画上“√”；若有遗漏，请补充后再画上“√”。

表 2-2-2　排除起动机不运转故障作业准备检查表

项　目	内　容
作业场地	带有消防设施的作业场地□
设备设施	整车□　工具车□　零件车□　吹气枪□　垃圾桶□
工量辅具	套筒扳手组合套具□　预置力式扭力扳手□　万用表□　高频放电计□　试电灯□　故障诊断仪□　翼子板防护三件套□　汽车测试线□　示波器□
耗材	清洁布□　泡沫清洁剂□　发动机机油□　红色油漆□　着色渗透探伤剂（清洁剂 / 去除剂、渗透剂、显像剂）□　塑料间隙规□

微组织 2：老师检查纠错，学生改正错误。微评价：☆☆☆☆☆

步骤三：确认故障现象

1. 请结合维修手册、老师讲解，查阅教材并观看相关视频认真分析迈腾 B8 1.8 T 起动控制原理，将控制原理用铅笔认真填写入表 2-2-3 中。

表 2-2-3　迈腾 B8 1.8 T 起动控制原理

迈腾 B8 1.8 T 起动控制原理图	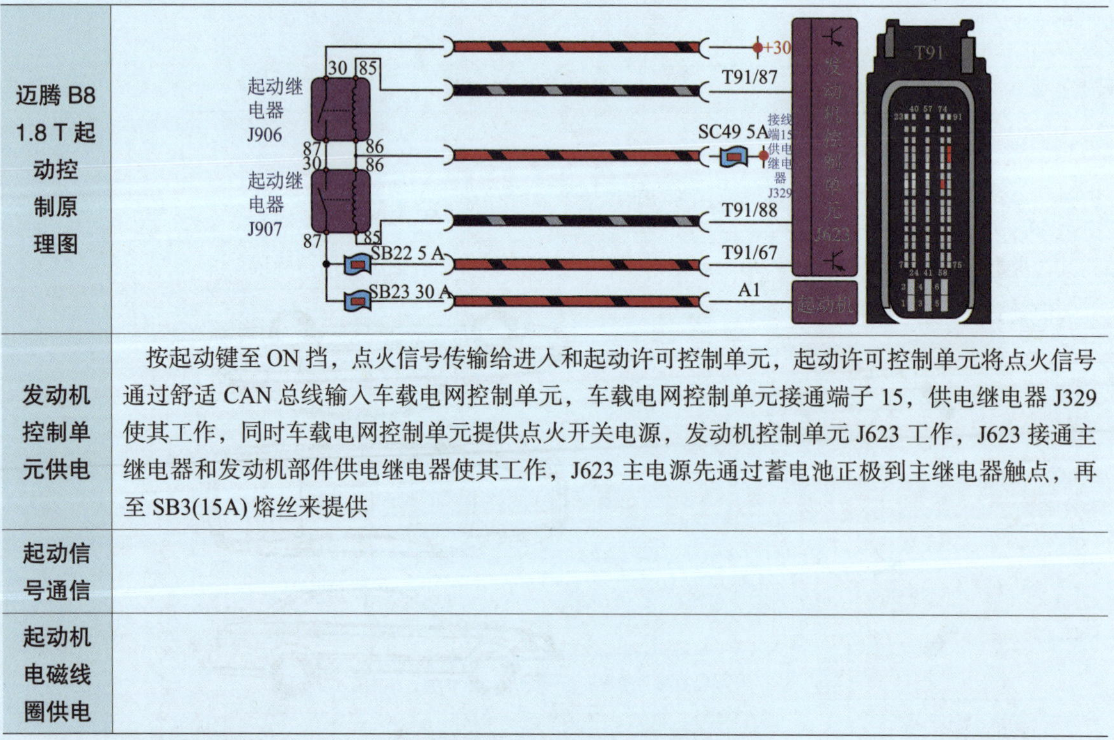
发动机控制单元供电	按起动键至 ON 挡，点火信号传输给进入和起动许可控制单元，起动许可控制单元将点火信号通过舒适 CAN 总线输入车载电网控制单元，车载电网控制单元接通端子 15，供电继电器 J329 使其工作，同时车载电网控制单元提供点火开关电源，发动机控制单元 J623 工作，J623 接通主继电器和发动机部件供电继电器使其工作，J623 主电源先通过蓄电池正极到主继电器触点，再至 SB3(15A) 熔丝来提供
起动信号通信	
起动机电磁线圈供电	

微组织 3：老师检查纠错，学生改正错误。微评价：☆☆☆☆☆

2．请结合迈腾 B8 1.8 T 起动控制原理、维修手册、老师讲解，查阅教材并观看相关视频，根据提示记录检查结果，用铅笔认真填写在表 2-2-4 中。

表 2-2-4　故障检查结果初步分析

序　号	检查内容	检查结果	故障可能
1	打开点火开关，观察仪表指示灯及发动机控制单元 EPC 灯	仪表指示灯不能正常点亮	
		EPC 灯一直熄灭，其他指示灯正常	
		仪表上 EPC 灯一直点亮	
2	踩下制动踏板，起动发动机，观察仪表上的提示	提示“踩下制动踏板”	发动机控制模块到制动开关之间故障
			制动开关自身故障
			制动开关电源线路故障
3	检查变速器变速杆位于 P 位或 N 位，并观察仪表上挡位显示和实际变速杆位置		选挡杆控制模块 E313 自身或其电源线路故障
			选挡杆控制模块 E313 与 J533 之间的驱动 CAN 总线存在故障

微组织 4：老师检查纠错，学生改正错误。微评价：☆☆☆☆☆

3．请结合迈腾 B8 起动控制原理、维修手册、老师讲解、查阅教材和观看相关视频，将起动机不运转排故流程用铅笔认真填写在图 2-2-1 中。

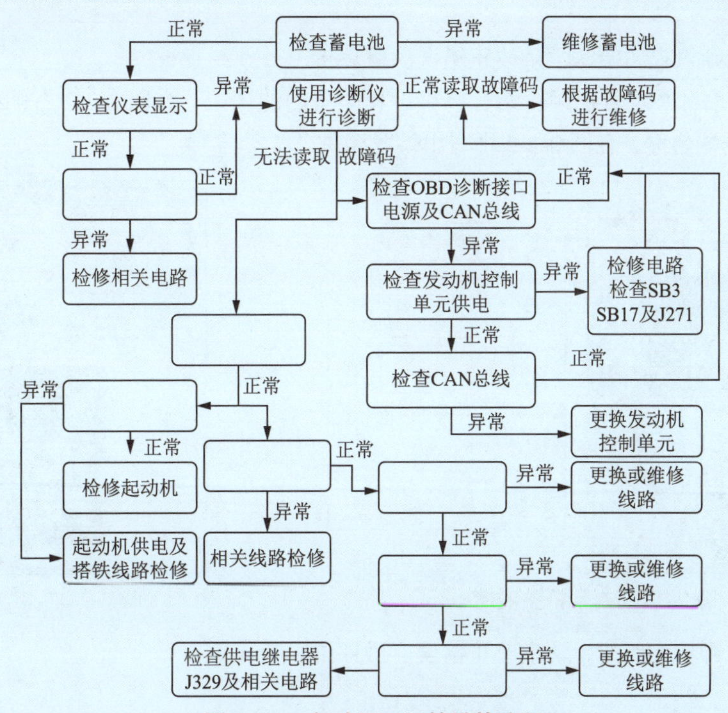

图 2-2-1　起动机不运转排故流程

微组织 5：老师检查纠错，学生改正错误。微评价：☆☆☆☆☆

步骤四：检查起动机电磁开关控制信号

1. 结合迈腾 B8 1.8T 起动机控制原理，分析起动机电磁开关可能出现的控制信号故障，在下面方格中用铅笔认真写出故障可能。

系统通过 J907 和熔丝 SB23 供电，起动机自身搭铁，针对起动机电磁开关控制信号的常见故障如下：

微组织 6：老师检查纠错，学生改正错误。微评价：☆☆☆☆☆

2. 请仔细观看老师示范，结合老师讲解查阅教材并观看相关视频，将检查计划用铅笔认真填写在表 2-2-5 中。

表 2-2-5　起动机电磁开关控制信号检查计划

工　　序	内　　容	工量辅具
1		
2		
3		
4		
5		
6		
7		

微组织 7：老师检查纠错，学生改正错误。微评价：☆☆☆☆☆

3. 请查阅主教材并观看视频，结合拆检过程对气门的认识，在图 2-2-2 右侧横线上用铅笔认真写出起动机接线端名称，在图 2-2-3 中写出熔丝名称。

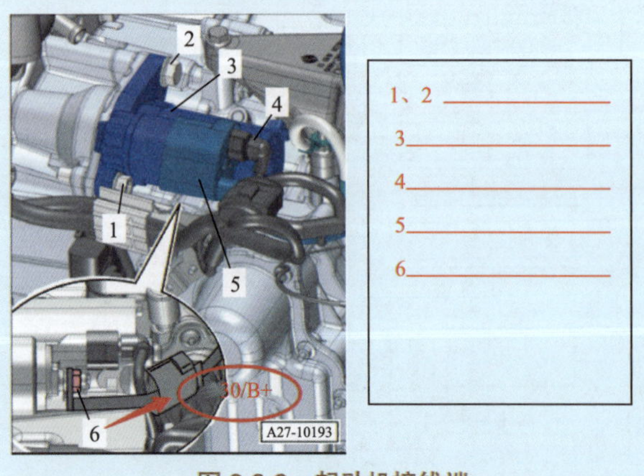

图 2-2-2　起动机接线端

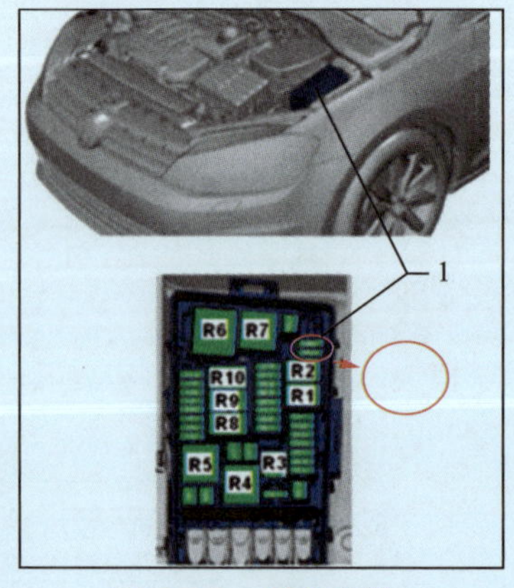

图 2-2-3　熔丝位置

微组织 8：老师检查纠错，学生改正错误。微评价：☆☆☆☆☆

4．请依据低压电路检修原则，结合制订的检查计划进行检查，并用铅笔将检查结果填入表 2-2-6，同时给出维修建议。

表 2-2-6　起动机电磁开关控制信号检查结果

1．测试标准：点火开关打到 ST 挡时，测试值（A1 端子）应从 0 切换到蓄电池电压（+B）

可能	实测结果	状态	操　作
1			
2			
3			

2．测试标准：点火开关打到 ST 挡时，测试值（SB23 端子）应从 0 切换到蓄电池电压（+B）

可能	实测结果	状态	可能原因	操作
1				
2				
3				
4				
5				

3．测试标准：点火开关关闭，该导线端对端电阻应小于 2 Ω

可能	实测结果	状态	可能原因	操作
1				
2				
3				

4．（1）测试标准：点火开关关闭，为了测试更加准确，应先拔掉起动机插接器、熔丝 SB23 (30 A)、熔丝 SB22 (5 A)，测试电阻应为无穷大。

注意：需要先确认用电器、元件之间连接线路无断路或电阻过大故障

可能	实测结果	状态	可能原因	操作
1				
2				

（2）测试标准：点火开关关闭，测试电阻应为无穷大

测试部位	实测结果	状态	可能原因	操作
连接起动机，测量起动机的 50 端子对搭铁电阻				

5．测试标准：点火开关由 ON 挡推至 ST 挡，测量值应从电池电压 0 切换到（+B）

可能	实测结果	状态	可能原因	操作
1				
2				
3				

6．测试标准：断开继电器 1907 和熔丝 SB22 (5 A)，测量值应小于 2 Ω

可能	实测结果	状态	可能原因	操作
1				
2				
3				

微组织 9：老师检查纠错，学生改正错误。微评价：☆☆☆☆☆

5. 请详细总结检查起动机电磁开关控制信号操作过程中出现的问题，分析产生的原因，并归纳出关键词，用铅笔认真填写在图 2-2-4 中。

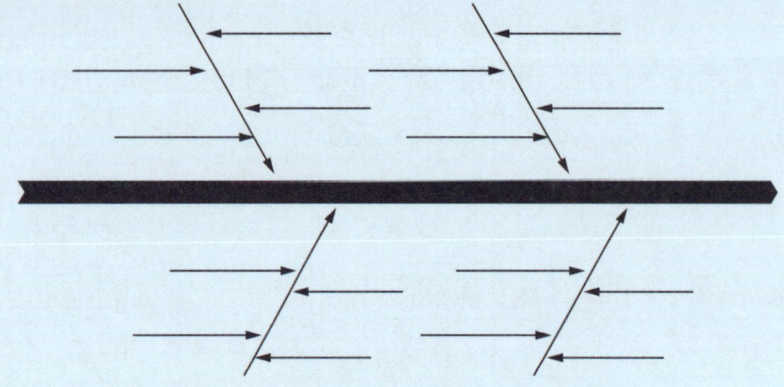

图 2-2-4 操作过程中出现的问题与原因

微组织 10：老师检查纠错，学生改正错误。微评价：☆☆☆☆☆

步骤五：检查起动机电磁开关反馈信号

1. 结合迈腾 B8 起动机控制原理，分析起动机电磁开关可能出现的反馈信号故障，在下面方格中用铅笔认真写出故障可能。

起动机电磁开关反馈信号由 +30 通过继电器 J906、J907 到熔丝 SB22(5 A) 至 J623 的 T91/67 引脚对起动机电磁开关反馈信号异常。可能的故障点如下：

微组织 11：老师检查纠错，学生改正错误。微评价：☆☆☆☆☆

2. 请仔细观看老师示范，结合老师讲解查阅教材并观看相关视频，将检查计划用铅笔认真填写在表 2-2-7 中。

表 2-2-7 起动机电磁开关反馈信号检查计划

工　序	内　容	工量辅具
1		
2		
3		
4		
5		
6		
7		
8		
9		

微组织 12：老师检查纠错，学生改正错误。微评价：☆☆☆☆☆

3. 请依据低压电路检修原则，结合制订的检查计划进行检查，并用铅笔将检查结果填入表 2-2-8，同时给出维修建议。

表 2-2-8　起动机电磁开关反馈信号检查结果

1. 测试标准：点火开关推到 ST 挡位置时，测试值（T91/67 端子）应从 0 切换到蓄电池电压（+B）

可能	实测结果	状态	操作
1			
2			
3			

2. 测试标准：点火开关推到 ST 挡位置时，测试值（SB22 两端）应从 0 切换到蓄电池电压（+B）

可能	实测结果	状态	可能原因	操作
1				
2				
3				
4				
5				

3. 测试标准：点火开关关闭，该导线端对端电阻应小于 2 Ω

可能	实测结果	状态	可能原因	操作
1				
2				
3				

4. （1）测试标准：关闭点火开关，拔掉发动机控制单元 J623 的 T91 接插件、熔丝 SB22 (5 A) 以及熔丝 SB23，测试电阻应为无穷大。注意：需先确认模块、元件之间连接线路无断路或电阻过大故障

可能	实测结果	状态	可能原因	操作
1				
2				

（2）测试标准：点火开关关闭，测试电阻应为无穷大

可能	测试部位	实测结果	状态	可能原因	操作
1					
2					

5. 测试标准：点火开关推到 ST 挡位置时，测试值应从 0 切换到蓄电池电压（+B）

可能	实测结果	状态	可能原因	操作
1				
2				
3				

6. 测试标准：断开继电器 D87 和熔丝 SB22 (5 A)，测量值为小于 2 Ω

可能	实测结果	状态	可能原因	操作
1				
2				
3				

微组织 13：老师检查纠错，学生改正错误。微评价：☆☆☆☆☆

4. 根据检查计划实施检查，详细总结操作过程中出现的问题，尝试画出检查流程图。

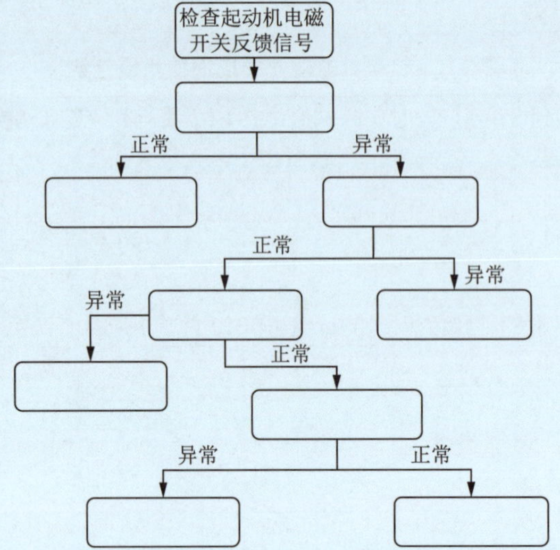

图 2-2-4　检查起动机电磁开关反馈信号流程图

微组织 14：老师检查纠错，学生改正错误。微评价：☆☆☆☆☆

步骤六：检查继电器 J906

1. 结合迈腾 B8 1.8 T 起动机控制原理，分析继电器 J906 可能出现的故障，在下面的方格中用铅笔认真写出故障可能。

点火开关置于 ST 挡时，J623 控制 J906 工作，触点闭合，蓄电池电源由 J906 的 87 端子输出至起动继电器 J907 的 30 端子，由此起动继电器 J906 常见故障如下：

微组织 15：老师检查纠错，学生改正错误。微评价：☆☆☆☆☆

2. 请仔细观看老师示范，结合老师讲解查阅教材并观看相关视频，将检查计划用铅笔认真填写在表 2-2-9 中。

表 2-2-9　继电器 J906 检查计划

工　序	内　容	工量辅具
1		
2		
3		
4		
5		
6		
7		

微组织 16：老师检查纠错，学生改正错误。微评价：☆☆☆☆☆

3. 请依据低压电路检修原则，结合制订的检查计划进行检查，并用铅笔将检查结果填入表 2-2-10 同时给出维修建议。

表 2-2-10　继电器 J906 检查结果

1. 测试标准：点火开关推到 ST 挡位时，测试值应从 0 切换到蓄电池电压（+B）				
可能	实测结果	状态	可能原因	操作
1				
2				
3				
2. 测试标准：任何情况下，测试值均应为蓄电池电压（+B）				
可能	实测结果	状态	可能原因	操作
1				
2				
3				
3. 测试标准：打开点火开关，测试值应为蓄电池电压（+B）				
可能	实测结果	状态	可能原因	操作
1				
2				
3				
4. 测试条件：点火开关由 ON 挡推至 ST 挡，测量值应从器电池电压（+B）切换到 0				
可能	实测结果	状态	可能原因	操作
1				
2				
3				
4				
5. 测试标准：点火开关关闭，该导线端对端电阻应小于 2 Ω				
可能	实测结果	状态	可能原因	操作
1				
2				
3				
6. 测试标准				
可能	实测结果	状态	可能原因	操作
1				
2				
3				
4				
5				

微组织 17：老师检查纠错，学生改正错误。微评价：☆☆☆☆☆

步骤七：检查继电器 J907

1．结合迈腾 B8 1.8 T 起动机控制原理，分析继电器 J907 可能出现的故障，在下面方格中用铅笔认真写出。

点火开关置于 ST 挡时，J623 控制 J906 工作，触点闭合，蓄电池电源由 J906 的 87 端子输出至起动继电器 J907 的 30 端子，由此起动继电器 J907 常见故障如下：

微组织 18：老师检查纠错，学生改正错误。微评价：☆☆☆☆☆

2．请仔细观看老师示范，结合老师讲解查阅教材并观看相关视频，将检查计划用铅笔认真填写在表 2-2-11 中。

表 2-2-11　继电器 J906 检查计划

工　序	内　容	工量辅具
1		
2		
3		
4		
5		

微组织 19：老师检查纠错，学生改正错误。微评价：☆☆☆☆☆

3．请依据低压电路检修原则，结合制订的检查计划进行检查，并用铅笔将检查结果填入表 2-2-12，同时给出维修建议。

表 2-2-12　继电器 J907 检查结果

1．测试标准：点火开关推到 ST 挡位置时，测试值应从 0 切换到蓄电池电压（+B）				
可能	实测结果	状态	可能原因	操作
1				
2				
3				
2．测试标准：任何情况下，测试值均应为蓄电池电压（+B）				
可能	实测结果	状态	可能原因	操作
1				
2				
3				
3．测量起动继电器 J907 的 86 端子对搭铁电压				
可能	实测结果	状态	可能原因	操作
1				
2				
3				

续表

4．测试条件：点火开关由 ON 挡推至 ST 挡，测量值应从蓄电池电压（+B）切换到 0 V				
可能	实测结果	状态	可能原因	操作
1				
2				
3				
4				

5．测试标准：点火开关关闭，该导线端对端电阻应小于 2 Ω				
可能	实测结果	状态	可能原因	操作
1				
2				
3				

微组织 20：老师检查纠错，学生改正错误。微评价：☆☆☆☆☆

4．请详细总结操作过程中出现的问题，分析产生的原因，并归纳出关键词，用铅笔认真填写在图 2-2-5 中。

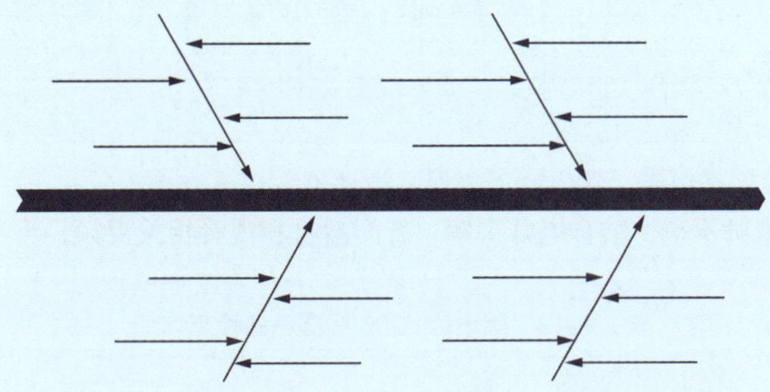

图 2-2-5　检查继电器 J907 操作过程中出现的问题与原因

微组织 21：老师检查纠错，学生改正错误。微评价：☆☆☆☆☆

5．请查阅教材和观看视频，结合拆检过程对活塞的认识，回答下列问题。

（1）请结合对继电器 J907 的认识，在图 2-2-6 右侧认真填写汽车继电器插脚名称。

微组织 22：老师检查纠错，学生改正错误。微评价：☆☆☆☆☆

（2）在图 2-2-7 中箭头指示位置用铅笔认真写出继电器的结构名称。

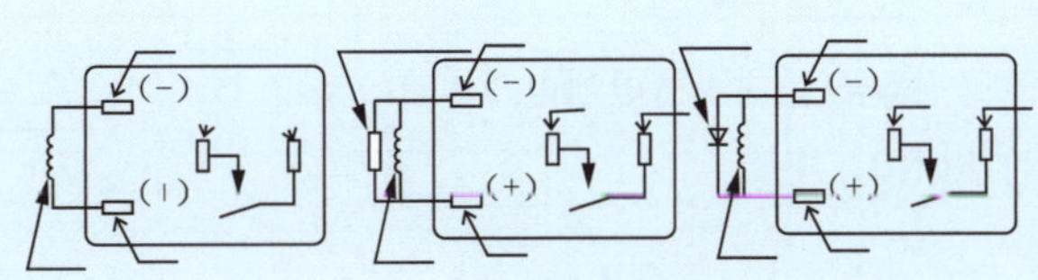

图 2-2-6　常见继电器插脚

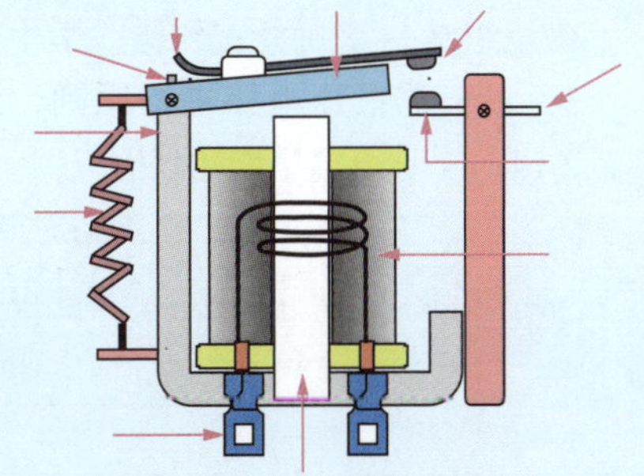

图 2-2-7　继电器结构图

微组织 23：老师检查纠错，学生改正错误。微评价：☆☆☆☆☆

（3）请结合继电器 J907 检查操作过程，查找主教材并观看视频资料，总结继电器的检测方法，用铅笔认真写在下面方格中。

开路检测：

加电检测：

微组织 24：老师检查纠错，学生改正错误。微评价：☆☆☆☆☆

步骤八：检查继电器 J906 的线圈电源

1．结合迈腾 B8 1.8 T 起动机控制原理，分析继电器 J906 线圈电源故障可能，在下面方格中用铅笔认真写出故障可能。

起动继电器 J906 和 J907 线圈供电电源都是经过熔丝 SC49 供给，由 J329 供给 15 电源。如果此线路出现故障，将导致起动继电器 J906 和 J907 都无法工作，起动继电器 J906 线圈的供电异常常见故障如下：

微组织 25：老师检查纠错，学生改正错误。微评价：☆☆☆☆☆

2．请仔细观看老师示范，结合老师讲解、查阅教材和观看相关视频，将检查计划用铅笔认真填写在表 2-2-13 中。

表 2-2-13　继电器 J906 线圈电源检查计划

工　序	内　容	工量辅具
1		
2		
3		
4		
5		

微组织 26：老师检查纠错，学生改正错误。微评价：☆☆☆☆☆

3．请依据低压电路检修原则，结合制订的检查计划进行检查，并用铅笔将检查结果填入表 2-2-14，同时给出维修建议。

表 2-2-14　继电器 J906 线圈电源检查结果

1．测试标准：点火开关打开，测量 86 端子对搭铁电压测试值应为蓄电池电压（+B）				
可能	实测结果	状态	可能原因	操作
1				
2				
3				

续表

2. 测试标准：点火开关打开，测量 SC4P（SA）两端对搭铁电压，测试值应为蓄电池电压（+B）

可能	实测结果	状态	可能原因	操作
1				
2				
3				
4				
5				

3. 测试标准：点火开关关闭，该导线端对端电阻应小于 2 Ω

可能	实测结果	状态	可能原因	操作
1				
2				
3				

4. （1）测试标准：点火开关关闭，为了测试更加准确，应先拔掉起动继电器 J906、J907 以及熔丝 SC49 (5 A)。测试对插搭铁电阻应为无穷大

可能	实测结果	状态	可能原因	操作
1				
2				

（2）测试标准：点火开关关闭，测试电阻应为无穷大

<table>
<tr><th>可能</th><th>测试部位</th><th>实测结果</th><th>状态</th><th>可能原因</th><th>操作</th></tr>
<tr><td rowspan="2">1</td><td rowspan="2"></td><td></td><td></td><td></td><td></td></tr>
<tr><td></td><td></td><td></td><td></td></tr>
<tr><td rowspan="2">2</td><td rowspan="2"></td><td></td><td></td><td></td><td></td></tr>
<tr><td></td><td></td><td></td><td></td></tr>
</table>

微组织 27：老师检查纠错，学生改正错误。微评价：☆☆☆☆☆

案例

案例一：比亚迪秦 EV 动力母线电流传感器信号故障。

故障现象：连接充电枪至车辆侧慢充接口，释放充电枪锁止开关，在充电枪连接完成 8 s 内听到主正、主负继电器发出“卡塔”的工作声，同时充电枪锁发出“卡塔”的锁止声，观察充电设备，充电设备上的绿色充电灯正常闪烁。此时观察组合仪表，仪表上充电连接指示灯点亮，SOC（汽车电池的充电状态）显示正常，同时显示充电中。但是，仪表中部的充电功率及充电时间显示异常，如图 2-2-8 所示。

故障原因：不考虑温度原因，仪表上充电连接指示灯点亮，说明 CC 正常，结合电流传感器结构原理及信号特点，其正负电源出现问题，传感器会输出一个固定的“+”信号或“-”信号电压，BMS（电池管理器）通过检测此电压计算当前母线电流，但可能计算错误。而信号出现问题，BMS 将接收不到传感器信号电压，无法检测母线电流。结合以上信息，说明电流传感器没有信号

输入至电源管理系统或电源管理系统没有检测到电流传感器信号电压，造成以上现象的，可能有以下故障：

1．电流传感器信号及线路断路、虚接、短路故障。

2．电流传感器自身故障。

3．电源管理系统 BMS 自身（电流监测）故障。

故障排除：依据交流充电插座线路原理图 2-2-9，测量动力母线电流传感器端子与电源管理系统端子线路的短路、断路、虚接，并根据测量结果更换端子间的导线。

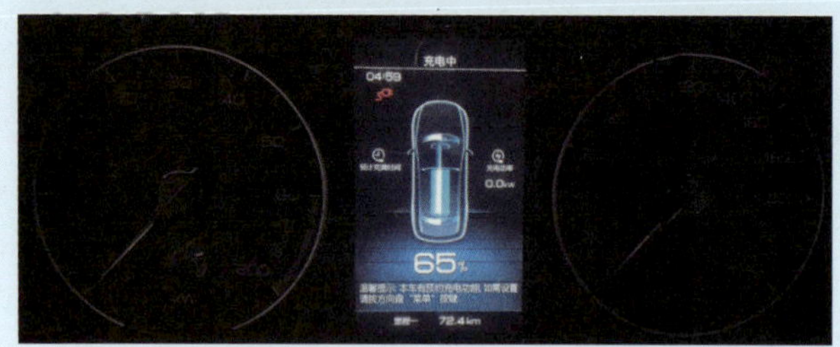

图 2-2-8　组合仪表充电状态指示

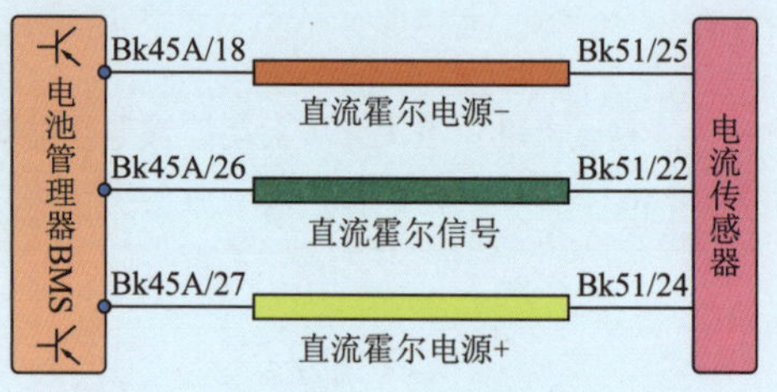

图 2-2-9　交流充电插座线路原理图

案例二：起动机转动无力并发出“哒、哒”异响。

故障原因：

1．蓄电池电量不足或连接导线松动，接触不良。

2．起动机轴承过紧或松旷，电枢轴弯曲有时碰擦磁极，整流子和电刷间脏污或电刷磨损过短、弹簧过软，电枢和磁场线圈短路。

3．起动开关触点烧蚀或电磁开关线圈短路。

4．电枢移动式起动机串联辅助线圈断路或短路。

故障诊断：

1．诊断程序基本与起动机不转时相同。因为这两种故障的产生因素基本一样，只是程度不同。

2．接通起动开关，起动开关处只是“咔哒”一声，起动机无力转动，常发生在电磁控制式和电枢移动式起动机。

（1）对于电磁控制式起动机，接通电磁开关，有“咔哒”声，但起动机不转动，说明电磁开关线圈短路或接触不良，产生的磁力太小，不足以进一步压缩回位弹簧，致使主回路接触盘接触不良。

（2）如果电磁开关线圈正常，可能是在起动时起动机小齿轮刚好顶在飞轮端面不能啮入。这时，若将发动机曲轴摇转一个角度，可使小齿轮啮入飞轮齿间而显示工作正常。若在这种情况下还不能使小齿轮啮入发动，表明回位弹簧过硬。

（3）对于电枢移动式起动机，接通电磁开关时，动触点的上触点先闭合，辅助线圈接通并移动，圆盘顶起扣爪块，使动触点的下触点也闭合，将主回路接通，起动机有力地转动。若扣爪块与电枢缓慢旋转圆盘接触的凸肩磨损，不能顶起扣爪块释放限止板，动触点的下触点不能闭合，主回路不通，起动机只能缓慢无力地转动。另外，如果铺助线圈断路或短路，扣抓块顶住发动机飞轮轮齿端面而不易啮入的情况。起动机起动时不能缓慢旋转，往往产生起动机小齿轮顶住发动机飞轮齿轮断面而不易啮入的情况。

项目三　检修汽车尾灯

项目任务单

项目描述	完成 2018 款迈腾配备 B8 1.8 T 发动机 7 挡双离合变速器 ODE 的汽车尾灯检修与故障排除作业
项目要求	符合迈腾 2018 款配备 B8 1.8 T 的汽车技术要求与标准，正确使用工具，完成如下作业： 1. 维护汽车尾灯。 2. 排除汽车制动灯故障。 3. 排除汽车倒车灯故障。 4. 排除转向、危险警告灯故障
学习目标	1. 掌握维护汽车尾灯的作业方法。 2. 掌握排除汽车制动灯故障作业方法。 3. 掌握排除汽车倒车灯故障作业方法。 4. 掌握排除汽车转向、危险警告灯故障作业方法。 5. 规范地对汽车尾灯进行维护作业。 6. 规范地对汽车制动灯进行检修作业。 7. 规范地对汽车倒车灯进行检修作业。 8. 规范地对汽车转向、危险警告灯进行检修作业。 9. 完成“1+X”汽车维修工中级关于汽车尾灯部分的考核内容。 10. 养成自觉遵守技术标准和要求规定、规范操作、安全、环保、5S 作业、团结协作的好习惯。 11. 坚持不断创新成长，学会用成长型思维武装自己。 12. 掌握流程图故障判断方法
项目载体	2018 款迈腾 B8 1.8 T 车型打开点火开关，尾灯异常。 尾灯（8×LED，其中4×LED完全用于制动灯） 制动灯和尾灯光导体（2×LED，每部分各有一个） 尾灯（8×LED，其中2×LED完全用于制动灯） 后雾灯（12×LED，单侧） 转向信号灯（12×LED） 制动灯（16×LED，其中4×LED用于尾灯） 制动灯（8×LED，其中2×LED用于尾灯） 倒车灯（8×LED）
计划学时	24 ～ 30 学时

工作页	上课地点		学生姓名		完成 / 未完成
	任课老师		上课时间		优 / 良 / 中 / 及格

项目导入

一、讲一讲

2021 年 10 月 31 日凌晨 4 时许，在某高速公路，发生一起两货车追尾的交通事故，追尾货车受损严重。事发前几分钟，被追尾的货车司机张某驾驶货车刚从服务区出来，正在第四车道上正常行驶时，突然就被后方的货车追尾了。事故发生后，货车司机李某告诉民警，事发时，时值凌晨，天黑路暗，被追尾的货车后尾灯不亮，自己没有及时发现前方货车，就意外追尾了前车。

在民警对被追尾的货车尾灯经过详细勘查后，再次询问被追尾的货车司机张某，后尾车灯为什么不亮时，张某才讲出了实情。原来，事发前一周，他就发现自己货车的后尾灯的熔丝烧坏了，由于这几天跑车送货比较繁忙，没有来得及更换熔丝。

据事故处理民警王某介绍，此次事故造成双方财产损失达 6 万多元。被追尾货车因车辆后尾灯损坏，没有及时更换，机件不符合安全标准，应负事故的次要责任，将承担近 2 万元的经济损失；追尾货车因未能与前方车辆保持足够的安全行车距离，应负事故的主要责任，将承担 4 万元的经济损失。

请问：根据事故发生原因，汽车尾灯的作用是什么？请用铅笔认真地写在下面方格内。

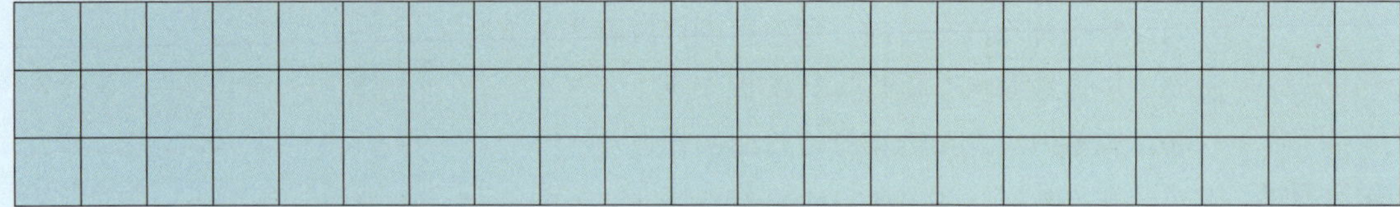

微组织 1：老师检查纠错，学生改正错误。微评价：☆☆☆☆☆

二、看一看：汽车尾灯的组成

请查阅主教材并观看相关视频，完成下列思考和行动。

1. 请结合汽车尾灯的组成图，陈述并用铅笔概要写出汽车尾灯包含哪些信号灯，同时思考汽车尾部信号灯的作用。

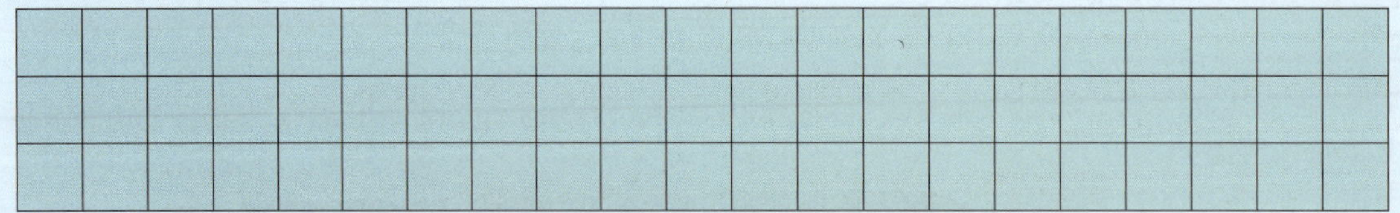

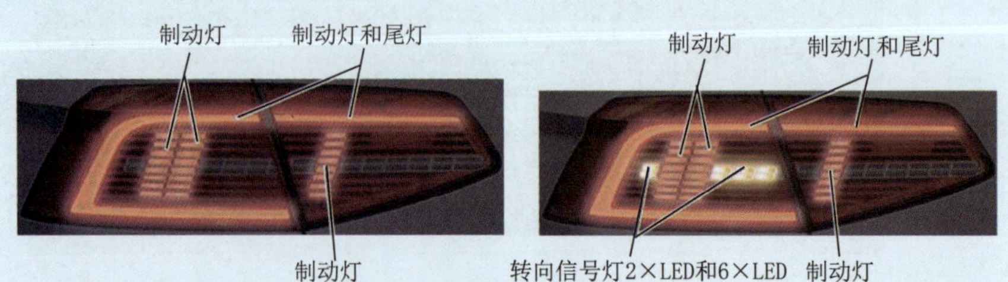

汽车尾灯的组成

微组织 2：老师检查纠错，学生改正错误。微评价：☆☆☆☆☆

三、安全教育与防护要求

请说出安全与防护要求，做好防护准备，同时进行自检和互检。若已完成，请用铅笔在方框内打“√”。

□　工作服穿戴要“四紧”。

□　严禁佩戴手表等金属首饰。

□　严禁摆弄与本次任务无关的设备和工具。

□　严禁嬉戏打闹。

微组织 3：老师检查纠错，学生改正错误。微评价：☆☆☆☆☆

项目实施

任务一　拆装汽车尾灯

步骤一：作业准备

请详细复述作业准备项目与内容，对照表 3-1-1 核准检查。若已准备好，请用铅笔在相应项目内容后的方框内画上“√”；若有遗漏，请补充后再画上“√”。

表 3-1-1　汽车尾灯拆装作业准备检查表

项　目	内　容
作业场地	带有消防设施的作业场地□
设备设施	迈腾 B8 1.8 T 整车□　工具车□　零件车□　吹气枪□　垃圾桶□
工量辅具	套筒扳手组合套具□一字螺丝刀□　预置力式扭力扳手□　开口扳手□　壁纸刀□
耗材	清洁布□　泡沫清洁剂□　专用密封胶□　防松胶□

微组织 1：老师检查纠错，学生改正错误。微评价：☆☆☆☆☆

步骤二：拆卸车身尾灯

1. 请仔细观看老师示范，结合老师讲解查阅主教材并观看相关视频，将拆卸计划用铅笔认真填写在表 3-1-2 中。

表 3-1-2　汽车车身尾灯拆卸计划

工　序	内　容	工量辅具
1		
2		
3		
4		
5		
6		

续表

工　序	内　容	工量辅具
7		
8		
9		
10		
11		
12		
13		
14		

微组织 2：老师检查纠错，学生改正错误。微评价：☆☆☆☆☆

2．请写出汽车身尾灯的拆卸原则。

微组织 3：老师检查纠错，学生改正错误。微评价：☆☆☆☆☆

3．请根据固定螺栓拆卸原则，用铅笔及阿拉伯数字准确标注出图 3-1-1 汽车车身尾灯和图 3-1-2 汽车尾灯电器连接拆卸顺序。

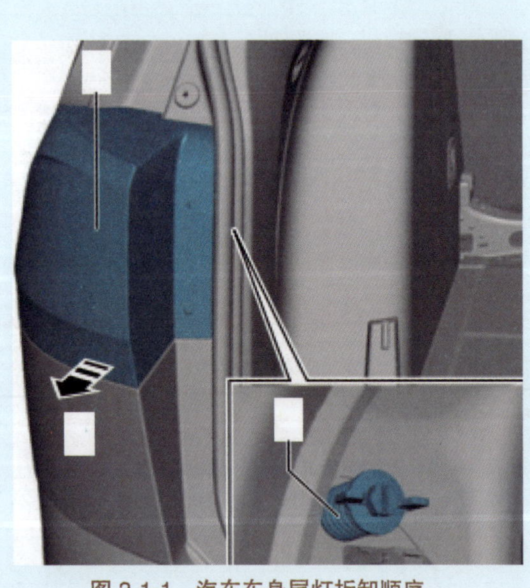

图 3-1-1　汽车车身尾灯拆卸顺序

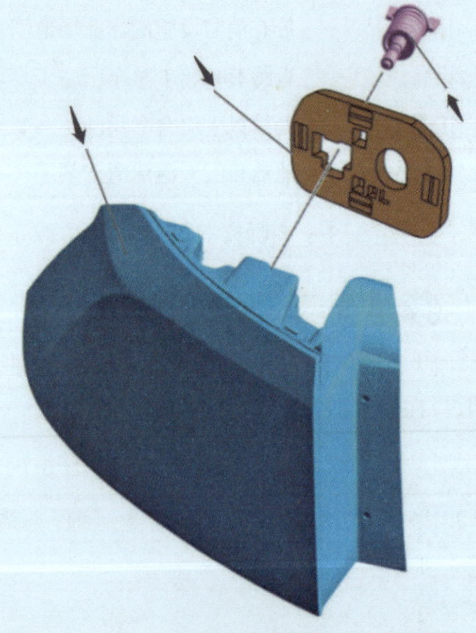

图 3-1-2　汽车车身尾灯电器连接拆卸顺序

微组织 4：老师检查纠错，学生改正错误。微评价：☆☆☆☆☆

4．请根据拆卸计划实施拆卸，详细总结操作过程中出现的问题，试着分析产生的原因，归纳出关键词，用铅笔认真填写在图 3-1-3 中。

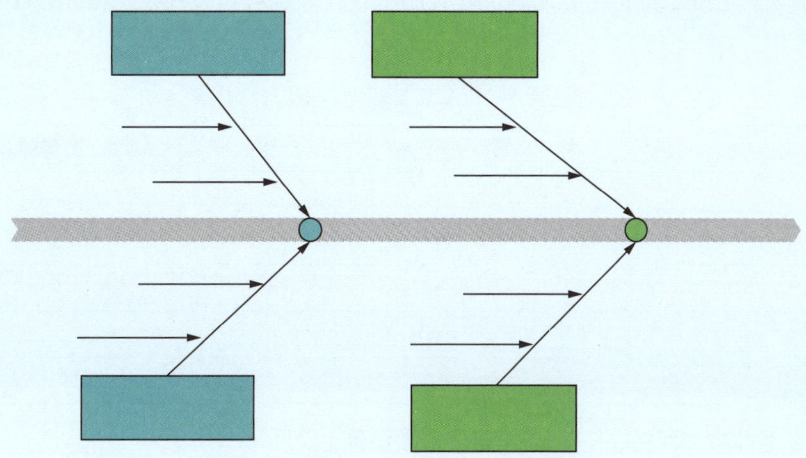

图 3-1-3　操作过程中出现的问题与原因

微组织 5：老师检查纠错，学生改正错误。微评价：☆☆☆☆☆

5．请结合拆卸过程中对汽车尾灯的认识和图 3-1-4，查阅主教材及相关资料，在表 3-1-3 的中写出汽车尾灯结构名称及灯光的作用。

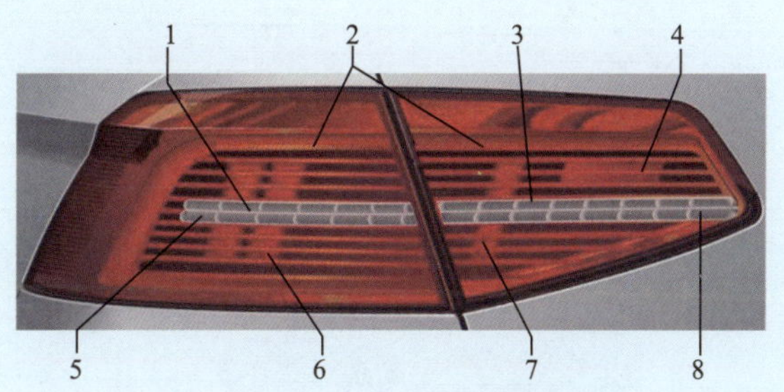

图 3-1-4　汽车尾灯的组成

表 3-1-3　汽车尾灯结构名称及灯光的作用

序　号	名　称	作　用
1		
2		
3		
4		
5		
6		
7		
8		

微组织 6：老师检查纠错，学生改正错误。微评价：☆☆☆☆☆

步骤三：拆卸后备厢尾灯

1. 请仔细观看老师示范，结合老师讲解查阅主教材并观看相关视频，将拆卸计划用铅笔认真填写在表 3-1-4 中。

表 3-1-4　汽车后备厢尾灯拆卸计划

工　序	内　容	工量辅具
1		
2		
3		
4		
5		

微组织 7：老师检查纠错，学生改正错误。微评价：☆☆☆☆☆

2. 请根据拆卸计划实施拆卸，详细总结操作过程中出现的问题，试着分析产生的原因，归纳出关键词，用铅笔认真填写在图 3-1-5 中。

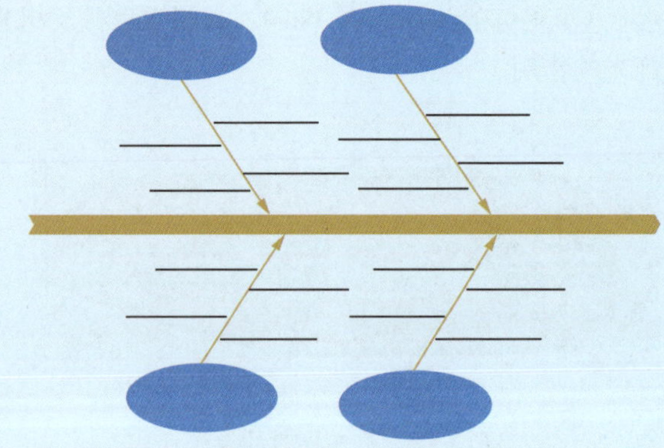

图 3-1-5　操作过程中出现的问题与原因

微组织 8：老师检查纠错，学生改正错误。微评价：☆☆☆☆☆

步骤四：安装后备厢尾灯

1. 请仔细观看老师示范，结合老师讲解查阅主教材并观看相关视频，将安装计划用铅笔认真填写在表 3-1-5 中。

表 3-1-5　汽车行后备厢尾灯安装计划

工　序	内　容	工量辅具
1		
2		
3		
4		
5		

微组织 9：老师检查纠错，学生改正错误。微评价：☆☆☆☆☆

2．请查阅教材和维修手册，完善表 3-1-6。

表 3-1-6　汽车尾灯安装技术标准

项　目	标　准
左侧车身尾灯紧固元件	
右侧后备厢盖尾灯	
如果要使用撬杆工具，必须用________缠绕撬杆接触的部位，防止________部件表面	
尾灯采用的是 LED 设计，内置在尾灯中，LED 无法更换，尾灯必须____________	
首先拧紧尾灯上部螺母，然后再拧下部螺母，进行________________________	

微组织 10：老师检查纠错，学生改正错误。微评价：☆☆☆☆☆

3．请根据安装计划实施安装，结合图 3-1-6，将汽车尾灯调整方法用铅笔认真写在图 3-1-6 所示的横线上。

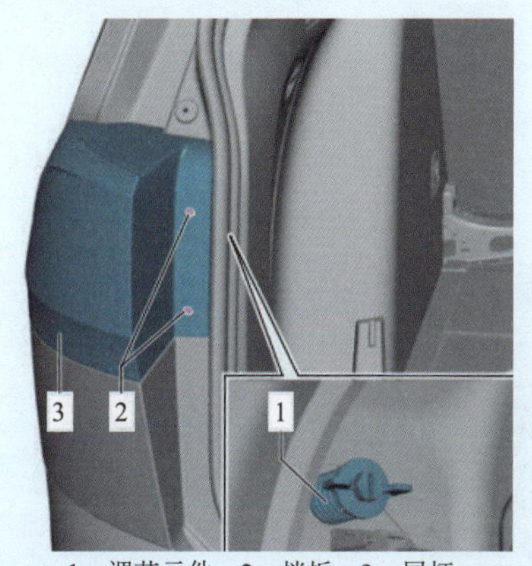

1—调节元件；2—挡板；3—尾灯

图 3-1-6　汽车尾灯调整方法

微组织 11：老师检查纠错，学生改正错误。微评价：☆☆☆☆☆

4．结合老师讲解并查阅相关资料，根据图 3-1-7 所示的数字化尾灯设想，在下面方格内用铅笔认真写出对于数字化尾灯的见解。

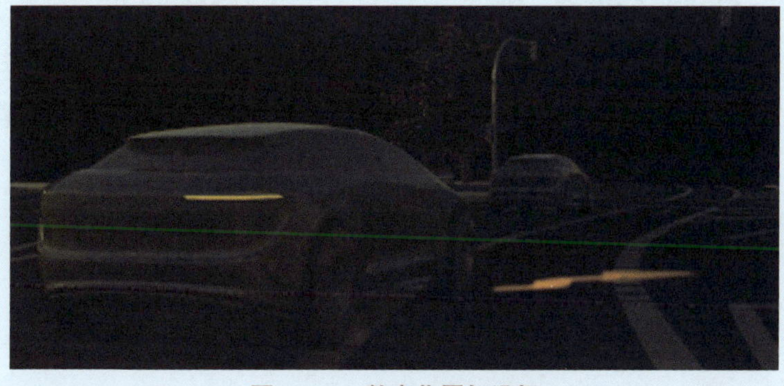

图 3-1-7　数字化尾灯设想

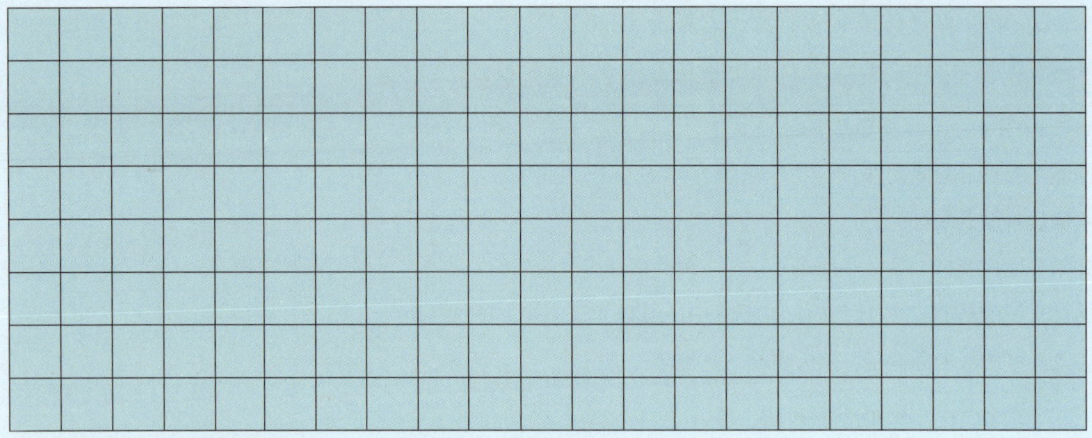

微组织 12：老师检查纠错，学生改正错误。微评价：☆☆☆☆☆

案例

迈腾 B8 1.8 T 尾灯裂纹修复。

部分 B8 1.8 T 车辆尾灯下部有裂纹，裂纹多发生于以下 4 个位置，左右尾灯均有裂纹可能，如图 3-1-8 所示。

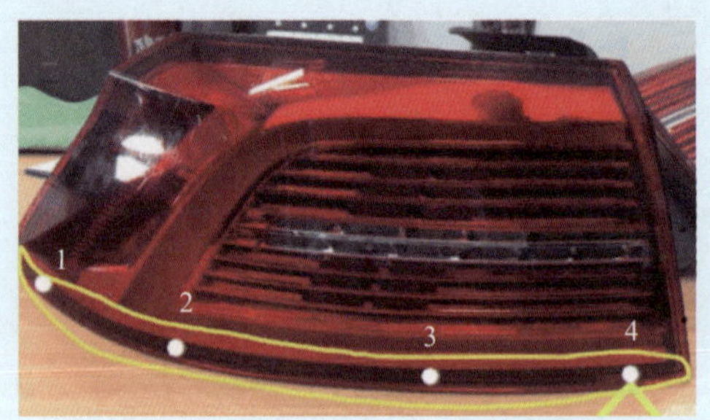

图 3-1-8　迈腾 B8 1.8 T 尾灯下部裂纹

解决方案：

1. 检查尾灯是否有撞击及液体腐蚀痕迹，如果排除以上原因，请更换尾灯。

2. 新尾灯下部自带 4 个垫片，垫片位置如图 3-1-9 所示，安装时如果发现尾灯安装过紧，可以适当取下个别垫片。

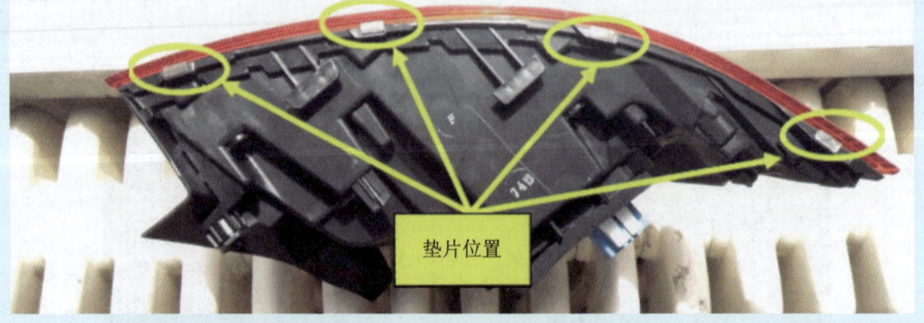

图 3-1-9　尾灯垫片安装位置

3. 新尾灯安装后需要保证尾灯下边缘与后杠之间能插入一张 A4 厚度的纸片，避免尾灯与后杠之间产生干涉。

任务二 排除制动灯常见故障

步骤一：检查故障车辆

请对照表 3-2-1 所示维修工单，按照故障车辆实际情况进行填写。

表 3-2-1 汽车维修中心维修工单

来店时间： 年 月 日 时 交车时间： 月 日 时

顾客姓名		车牌号		车型		车辆颜色	
顾客电话		行驶里程		VIN 号			

维修项目

km 常规保养□ 一般维修□ 事故车□ 洗车□ 其他□

序号	维修项目	配件	工时	合计	序号	维修项目	配件	工时	合计
1					8				
2					9				
3					10				
4					11				
5					12				
6					13				
7					合计：				

故障描述及诊断结果

旧件	环车检查
带走□ 不带走□	外观检查（有损坏处用○标记）
油量显示（用→标记）	

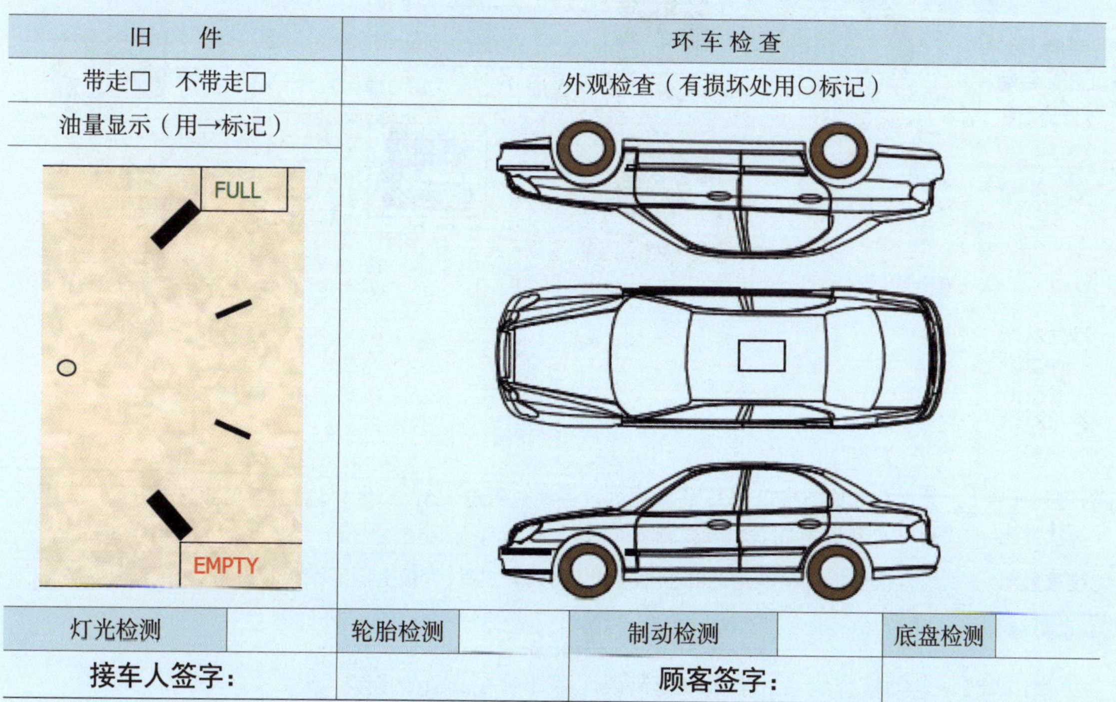

灯光检测		轮胎检测		制动检测		底盘检测	
接车人签字：				顾客签字：			

微组织 1：老师检查纠错，学生改正错误。微评价：☆☆☆☆☆

步骤二：作业准备

请详细复述作业准备项目与内容，对照表 3-2-2 核准检查。若已准备好，请用铅笔在相应项目内容后的方框内画上“√”；若有遗漏，请补充后再画上“√”。

表 3-2-2　排除制动灯常见故障作业准备检查表

项　目	内　容
作业场地	带有消防设施的作业场地□
设备设施	整车□　工具车□　零件车□　吹气枪□　垃圾桶□
工量辅具	套筒扳手组合套具□　预置力式扭力扳手□　万用表□　高频放电计□　试电灯□　故障诊断仪□　翼子板防护三件套□　汽车测试线□　示波器□
耗材	清洁布□　泡沫清洁剂□　发动机机油□　红色油漆□　着色渗透探伤剂（清洁剂 / 去除剂、渗透剂、显像剂）□　塑料间隙规□

微组织 1：老师检查纠错，学生改正错误。微评价：☆☆☆☆☆

步骤三：确认故障现象

1. 请结合维修手册、老师讲解，查阅主教材并观看相关视频认真分析迈腾 B8 制动灯工作过程，将控制原理用铅笔认真填写入表 3-2-3 中。

表 3-2-3　迈腾 B8 制动灯工作过程

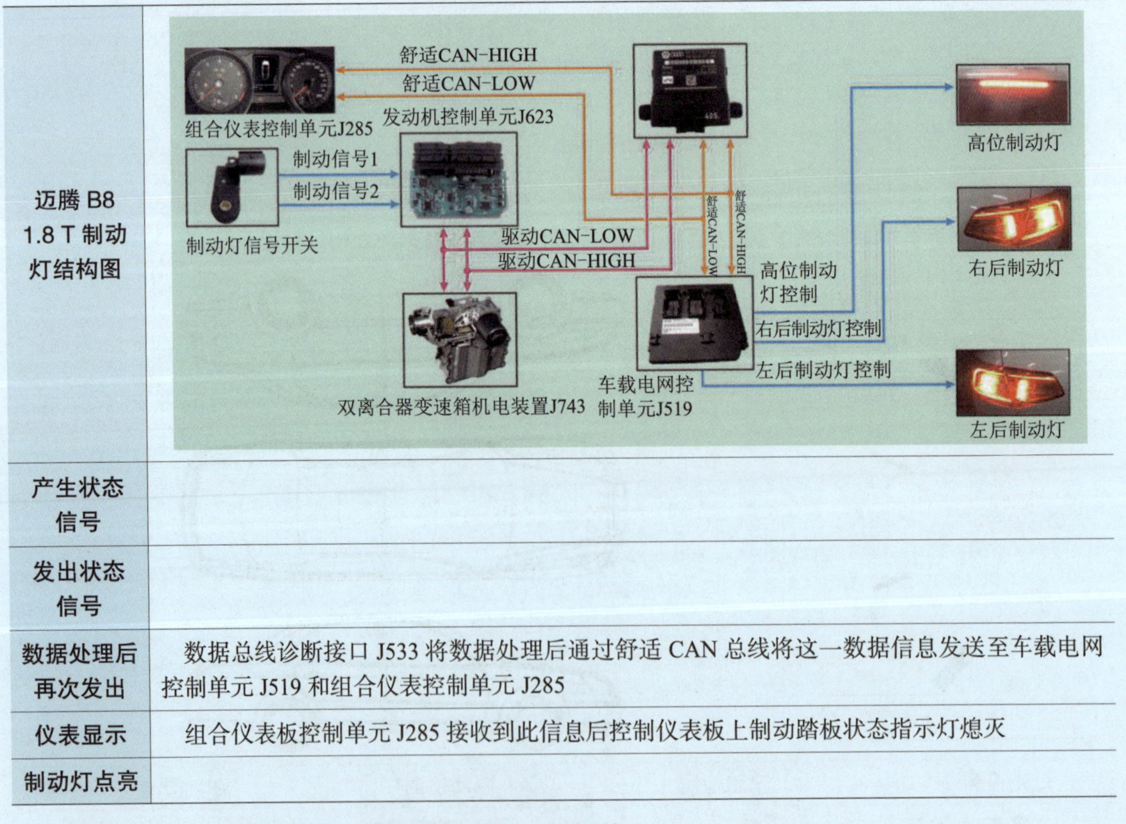

项目	内容
迈腾 B8 1.8 T 制动灯结构图	
产生状态信号	
发出状态信号	
数据处理后再次发出	数据总线诊断接口 J533 将数据处理后通过舒适 CAN 总线将这一数据信息发送至车载电网控制单元 J519 和组合仪表控制单元 J285
仪表显示	组合仪表板控制单元 J285 接收到此信息后控制仪表板上制动踏板状态指示灯熄灭
制动灯点亮	

微组织 2：老师检查纠错，学生改正错误。微评价：☆☆☆☆☆

2．请结合迈腾 B8 1.8 T 制动灯工作过程、维修手册、老师讲解，查阅主教材并观看相关视频，根据提示记录检查结果，用铅笔认真填写在表 3-2-4 中。

表 3-2-4　故障检查结果初步分析

序　号	检查内容	检查结果	故障可能
1	将点火开关置于 ON 位置，观察仪表板显示	显示异常	如所有状态指示灯故障，需要先排除仪表显示异常故障
2	踩制动踏板多次，观察仪表板	仪表板“制动踏板状态灯”显示异常	
		提示外部制动灯系统故障	
3	观察后尾灯制动灯、高位制动灯	制动灯一侧或高位不亮	
		制动灯全部不亮	

微组织 3：老师检查纠错，学生改正错误。微评价：☆☆☆☆☆

3．请结合迈腾 B8 1.8 T 制动灯控制原理、维修手册、老师讲解，查阅主教材并观看相关视频，将制动灯常见故障排除流程用铅笔认真填写在图 3-2-1 中。

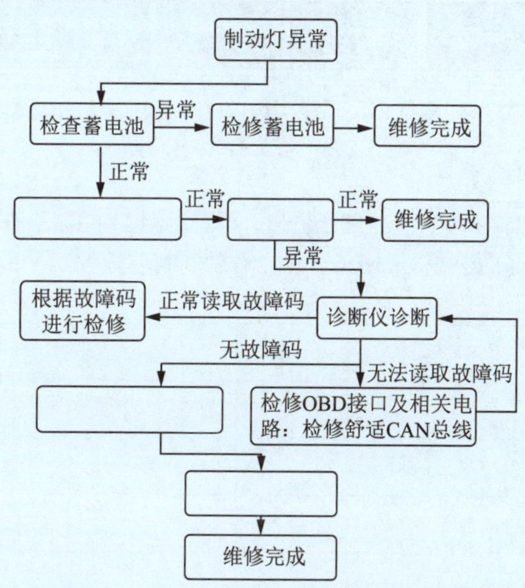

图 3-2-1　制动灯常见异常故障排除流程

微组织 4：老师检查纠错，学生改正错误。微评价：☆☆☆☆☆

4．请结合检查结果在图 3-2-2 中标示出仪表状态。

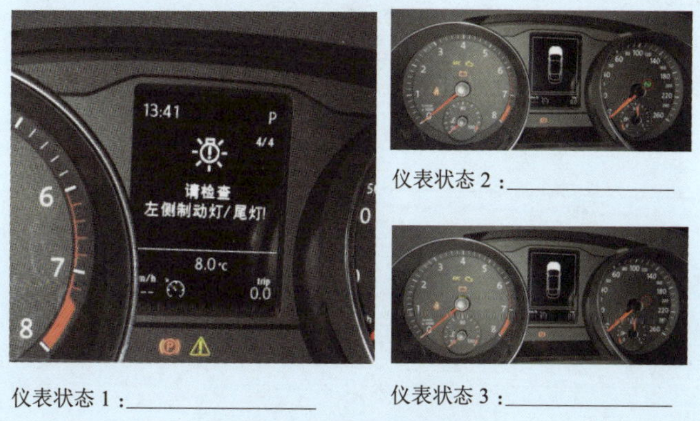

仪表状态 1：________________　仪表状态 2：________________　仪表状态 3：________________

图 3-2-2　仪表检查结果

微组织 5：老师检查纠错，学生改正错误。微评价：☆☆☆☆☆

步骤四：检查制动灯控制电路

1．结合迈腾 B8 1.8 T 制动灯控制原理及图 3-2-3 灯光控制电路图，分析右后制动灯故障可能，在下面方框中用铅笔认真写出故障可能。

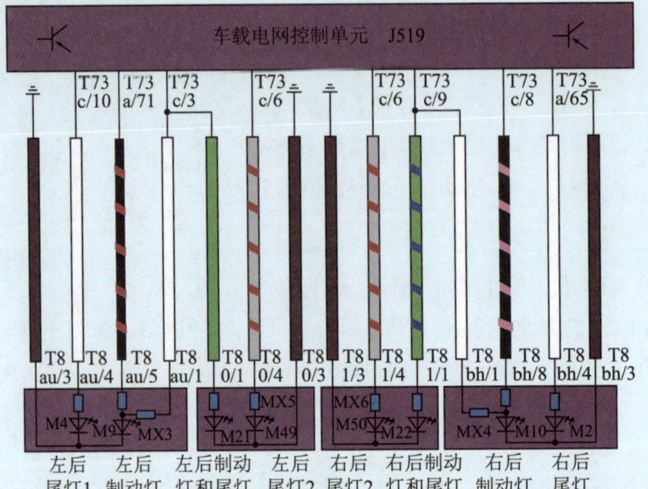

图 3-2-3　灯光控制电路图

右后侧制动灯 M22 控制由 J519 的 T73c/9 端子输出，至右后侧 T81/1，给右后侧制动灯 M22 提供电源，M22 通过右后侧端子 T81/3 端子搭铁构成回路，点亮右后侧制动灯 M22，由此制动灯控制电路常见故障如下：

微组织 6：老师检查纠错，学生改正错误。微评价：☆☆☆☆☆

2．请仔细观看老师示范，结合老师讲解，查阅主教材并观看相关视频，将检查计划用铅笔认真填写在表 3-2-5 中。

表 3-2-5　制动灯控制电路检查计划

工　序	内　容	工量辅具
1		
2		
3		
4		
5		
6		
7		

微组织 7：老师检查纠错，学生改正错误。微评价：☆☆☆☆☆

3．请依据低压电路检修原则，结合制订的检查计划进行检查，并用铅笔将检查结果填入表 3-2-6 同时给出维修建议。

表 3-2-6　制动灯控制电路检查结果

1．测试标准：打开点火开关至 ON 挡或起动发动机，踩下制动踏板，测量右后制动灯 M22 的 T81/1 端子对搭铁电压，测试值应为 +B

可能	实测结果	状态	操作
1			
2			
3			
4			

2．测试标准：打开点火开关至 ON 挡或起动发动机，踩下制动踏板，测量 J519 的 T73c/9 端子对搭铁电压，测试值应为 +B

可能	实测结果	状态	可能原因	操作
1				
2				
3				
4				

3．测试标准：关闭点火开关，拔下 M22 和 J519 插接器，该导线端对端电阻应小于 2 Ω

可能	实测结果	状态	可能原因	操作
1				
2				
3				
4				

4．测试标准： 关闭点火开关，断开右后侧制动灯 M02 端子 T81/1 与制单元 J519 的 73 插接件。测 T81/1 端子以及线路对搭铁电阻都应为无穷大

可能	测试部位	实测结果	状态	可能原因	操作
1					
2					
3					
4					

5．测试标准：在任何工况条件下，T81/3 端子对持铁电压应小于 0.1 V

可能	实测结果	状态	可能原因	操作
1				
2				
3				

微组织 8：老师检查纠错，学生改正错误。微评价：☆☆☆☆☆

4. 请查阅主教材和维修手册，完善表 3-2-7。

表 3-2-7　检查右后侧制动灯 M22 电源负极技术要求

技术要求
T81/3 为制动灯 M22 的 LED 或卤素灯泡________。如果搭铁线路不正常，则可能致使 M22 的 LED 或卤素灯泡电源________不足，导致右侧灯光________
检查制动灯 M22 电源负极时，应使用万用表测量 M22 的 T81/3 端子对________电压

微组织 9：老师检查纠错，学生改正错误。微评价：☆☆☆☆☆

步骤五：检查制动灯开关电源

1. 结合迈腾 B8 制动灯控制原理及图 3-2-4 制动灯开关电路图，分析制动灯开关的故障可能，在下面方框中用铅笔认真写出故障可能。

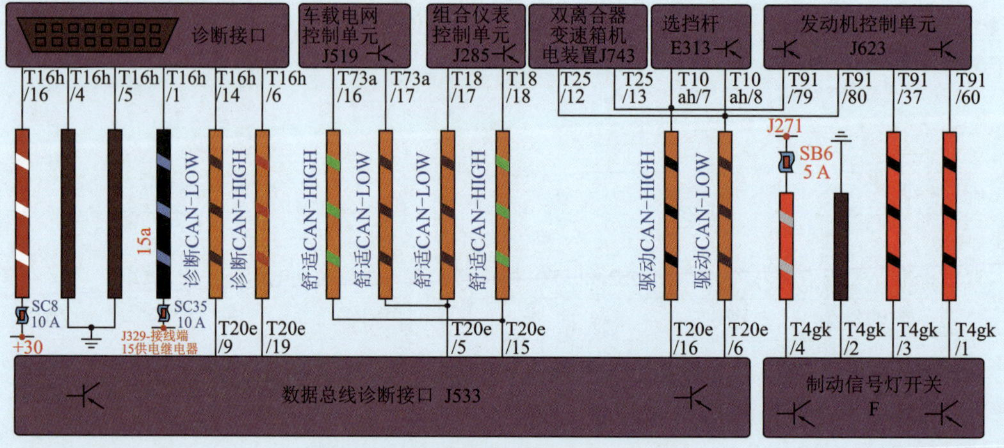

图 3-2-4　制动灯开关控制电路原理图

从迈腾 B8 1.8 T 制动灯开关电路原理图可以看出，制动灯开关电源由主继电器 J271 供给，在通过 SB6（5 A）熔丝分配给制动开关 T4gk/4 端子，通过制动开关 T4gk/2 端子搭铁构成回路。

点火开关开至 ON 挡或起动发动机，主继电器 J271 工作，电源进入 F（制动信号灯开关）T4gk/4 端子并通过 T4gk/2 端子搭铁。由此制动灯控制电路常见故障如下：

微组织 10：老师检查纠错，学生改正错误。微评价：☆☆☆☆☆

2. 请仔细观看老师示范，结合老师讲解，查阅教材并观看相关视频，将检查计划用铅笔认真填写在表 3-2-8 中。

表 3-2-8　制动灯开关电源检查计划

工　序	内　容	工量辅具
1		
2		

续表

工　序	内　容	工量辅具
3		
4		
5		
6		
7		

微组织 11：老师检查纠错，学生改正错误。微评价：☆☆☆☆☆

3. 请结合迈腾 B8 1.8 T 制动灯开关电源电路图、维修手册、老师讲解，查阅主教材并观看相关视频，将制动灯开关电源故障排除流程用铅笔认真填写在图 3-2-5 中。

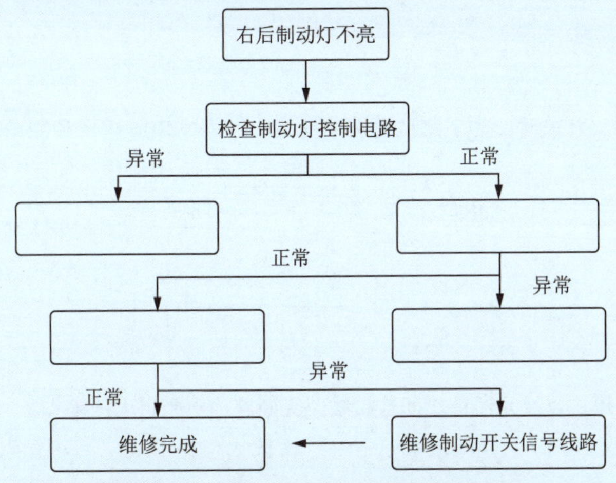

图 3-2-5　制动灯开关电源故障排故流程

微组织 12：老师检查纠错，学生改正错误。微评价：☆☆☆☆☆

4. 请依据低压电路检修原则，结合制订的检查计划进行检查，并用铅笔将检查结果填入表 3-2-9 同时给出维修建议。

表 3-2-9　制动灯开关电源检查结果

1. 测试标准：点火开关开至 ON 挡或起动发动机情况下，测量制动开火的 T4gk/4 端子对搭铁电压，测量值为 +B			
可能	实测结果	状态	操作
1			
2			
3			
4			

2. 测试标准：点火开关开至 ON 挡或起动发动机情况下，测量 SB6 熔丝两端对搭铁电压，测量值为 +B				
可能	实测结果	状态	可能原因	操作
1				
2				
3				
4				
5				

续表

3．测试标准：关闭点火开关，该导线端对端电阻应小于 2 Ω

可能	实测结果	状态	可能原因	操作
1				
2				
3				
4				

4．测试标准：在任何工况条件下，T4gk/ 端子对搭铁电压均应小于 0.1 V

可能	实测结果	可能状态	操作
1			
2			
3			
4			
5			

5．测试标准：关闭点火开关时，为了测试更加准确，应先拔掉 SB6 熔丝和制动开关 T4gk 的插接件。测试电阻应为无穷大

可能	实测结果	状态	可能原因	操作
1				
2				
3				
4				

6．注意：需先确认各模块以及元器件之间连接线路无断路或电阻过大故障

测试部位	实测结果	状态	可能原因	操作
连接 F 的 T4gk 插接件，测量其 T4gk/4 端子对搭铁电阻				

微组织 13：老师检查纠错，学生改正错误。微评价：☆☆☆☆☆

5．请根据检修计划实施拆卸，详细总结操作过程中出现的问题，试着分析产生的原因，归纳出关键词，用铅笔认真填写在图 3-2-6 中。

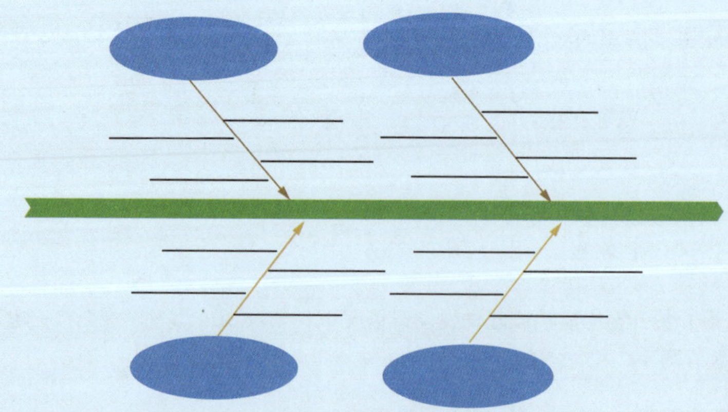

图 3-2-6　操作过程中出现的问题与原因

微组织 14：老师检查纠错，学生改正错误。微评价：☆☆☆☆☆

6．请结合拆卸过程中认识的制动灯开关，查阅主教材和相关资料，在图 3-2-7 右侧横线上用铅笔认真写出组成部件的名称，并写出制动灯开关的工作原理。

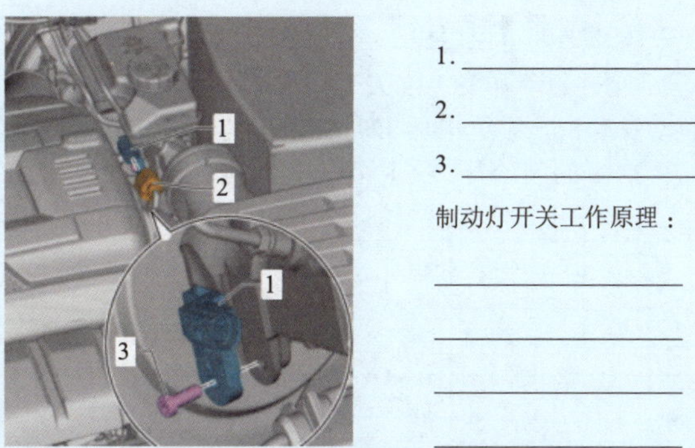

1. ________________

2. ________________

3. ________________

制动灯开关工作原理：

____

____

____

____

图 3-2-7　制动开关电器连接插头

微组织 15：老师检查纠错，学生改正错误。微评价：☆☆☆☆☆

7. 请结合拆卸过程中认识的制动灯开关，查阅主教材和相关资料，在图 3-2-8 左侧方框中用铅笔认真标明制动开关状态。

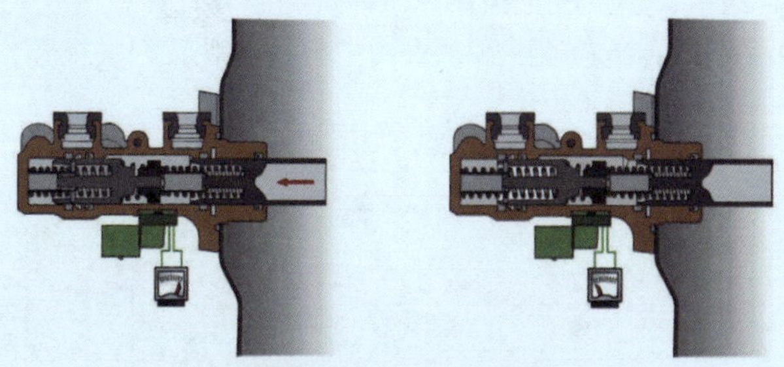

图 3-2-8　制动灯开关状态

微组织 16：老师检查纠错，学生改正错误。微评价：☆☆☆☆☆

步骤六：检查制动灯开关信号

1. 结合迈腾 B8 1.8 T 制动灯控制原理及图 3-2-9 制动灯开关电路图，分析制动灯开关信号的故障可能，在下面方框中用铅笔认真写出故障可能。

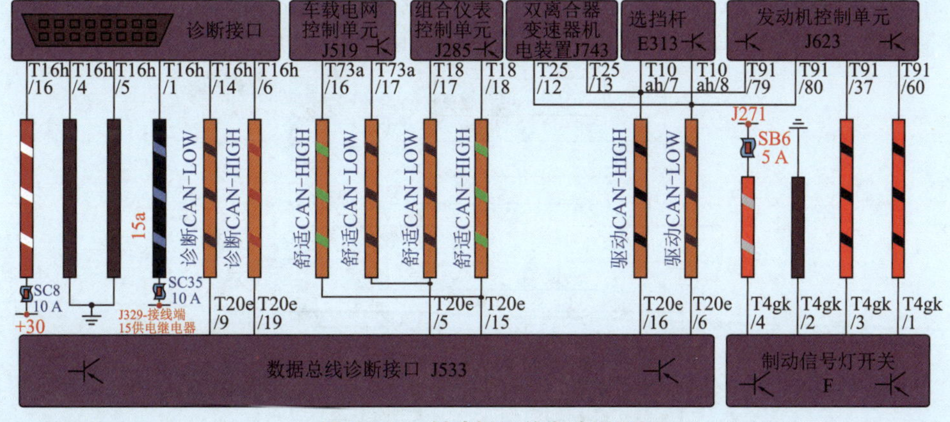

图 3-2-9　制动灯开关电路原理图

从迈腾 B8 1.8 T 制动开关电路原理图可以看出，制动开关电源由主继电器 J271 供给，在通过 SB6 熔丝分配给制动开关 T4gk/4 端子，通过制动开关 T4gk/2 端子搭铁构成回路。

点火开关开至 ON 挡或起动发动机，主继电器 J271 工作，电源进入 F（制动信号灯开关）T4gk/4 端子并通过 T4gk/2 端子搭铁。迈腾 B8 的制动开关采用霍尔式结构，它向发动机控制模块输出两个相反的电压信号，即 0 V 和 +B。由此制动灯开关信号电路常见故障如下：

微组织 17：老师检查纠错，学生改正错误。微评价：☆☆☆☆☆

2．请仔细观看老师示范，结合老师讲解，查阅主教材并观看相关视频，将检查计划用铅笔认真填写在表 3-2-10 中。

表 3-2-10　制动灯开关信号检查计划

工　序	内　容	工量辅具
1		
2		
3		
4		
5		
6		
7		

微组织 18：老师检查纠错，学生改正错误。微评价：☆☆☆☆☆

3．请结合迈腾 B8 1.8 T 制动灯开关信号电路图、维修手册、老师讲解、查阅教材和观看相关视频，将制动灯开关电源故障排除流程用铅笔认真填写在图 3-2-10 中。

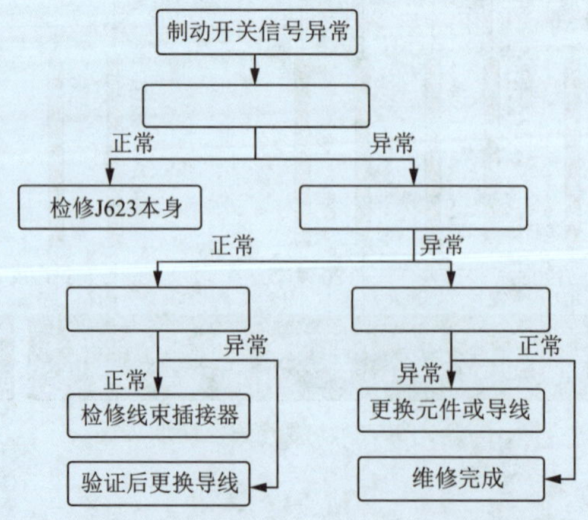

图 3-2-10　制动灯开关信号故障排故流程

微组织 19：老师检查纠错，学生改正错误。微评价：☆☆☆☆☆

4．请依据低压电路检修原则，结合制订的检查计划进行检查，并用铅笔将检查结果填入表 3-2-11 同时给出维修建议。

表 3-2-11　制动灯开关信号检查结果

1．测试标准：点火开关开至 ON 挡或起动发动机，踩下或松开制动踏板的情况下，测量发动机控制单元 J623 的 T91/60 端子对搭铁电压

可能	测试条件	实测结果	状态	操作
		T91/60		
1	未踩下制动踏板			
	踩下制动踏板			
2	未踩下制动踏板			
	踩下制动踏板			
3	未踩下制动踏板			
	踩下制动踏板			
4	未踩下制动踏板			
	踩下制动踏板			

2．测试标准：点火开关开至 ON 挡或起动发动机，踩下或松开制动踏板的情况下，测量制动开关的 T4gk/1 端子对搭铁电压

可能	测试条件	实测结果	状态	可能原因	操作
		T4gk/1			
1	松开制动踏板				
	踩下制动踏板				
2	松开制动踏板				
	踩下制动踏板				
3	松开制动踏板				
	踩下制动踏板				

3．测试标准：关闭点火开关，测量 T4gk/1 端子对 T91/60 端子间导线电阻，该导线端对端电阻应小于 2 Ω

可能	实测结果	状态	可能原因	操作
1				
2				
3				

4．测试标准：关闭点火开关，断开制动开关 T4gk 与控制单元 J623 的 191 插接件。测量 T4g/I 端子以及线路对搭铁电阻都应为无穷大

可能	测试部位	实测结果	状态	可能原因	操作
—	测量开关插头 T4gk/1 端子对搭铁电阻				

5．测试标准：点火开关开至 ON 挡或起动发动机，踩下或松开制动踏板的情况下，测量制动开关信号 T4gk/1 端子对搭铁电压

可能	测试条件	实测结果	状态	可能原因	操作
		T4gk/3			
1	未踩制动踏板				
	踩下制动踏板				

续表

2	测量制动开关 T4gk/1 端子对搭铁电阻				
3	测量制动开关 T4gk/1 端子对搭铁电阻				

6．测试标准：断开制动开关 T4gk 与 J623 的 T91 插接件。打开点火开关，测量 T4gk/1 端子对塔铁电压都应小于 0.1 V

注意：本表的 2.3 需先连接 J623 的 T91 插接件和 T4gk 插接器后，方可测量

可能	测试部位	实测结果	状态	可能原因	操作
1	测量开关插头 T4gk/1 端子对搭铁电压				
2	测量 F 的 T4gk/1 端子对搭铁电压				
3	测量 F 的 T4gk/1 端子对搭铁电压				
4	大于 2 Ω				

7．测试标准：断开制动开关 T4gk 与 J623 的 T91 插接件。打开点火开关，测量 T4gk/3 端子对搭铁电压都小于 0.1 V

可能	测试部位	实测结果	状态	可能原因	操作
1	测量接头端 T4gk/3 端子对搭铁电压	小于 0.1 V			
			异常	线路对电源短路	
2	连接开关，测 T4gk/3 端子对搭铁电压		正常		
		+B		开关内部对电源短路	
注意：进行以下测量时，必须确认线路无断路、在断路的情况下 J623 会输出 11 V 以上电压					
3	连接 T91 插接件，测量制动开关端子 T4gk/3 对搭铁电压				

8．测试标准：关闭点火开关，断开制动开关 T4gk 与控制单元 J623 的 T91 插接件，测量 T4gk/3 端子以及线路对措铁电阻都应为无穷大

注意：需要先确认以上模块和元件之间连接线路无断路或电阻过大故障

可能	测试部位	实测结果	状态	可能原因	操作
1	测量制动开关 T4gk 插接件端 T4gk/3 端子对搭铁电阻		正常		
		小于 2 Ω		线路对搭铁短路	维修线路
2	连接制动开关 T4gk 插接件，测量 T4gk/3 端子对搭铁电阻	无穷大			至本表 3
			异常	开关内部对搭铁短路	维修或更换元件
3	连接 J623 的 T91 插头，测开关 T4gk/3 端子对搭铁电阻		正常		维修结束
		小于 2 Ω			

微组织 20：老师检查纠错，学生改正错误。微评价：☆☆☆☆☆

5．请结合拆卸过程中认识的车载电网控制单元（J519），查阅主教材和相关资料，在图 3-2-7 右侧方格中用铅笔认真写出车载电网控制单元的功用。

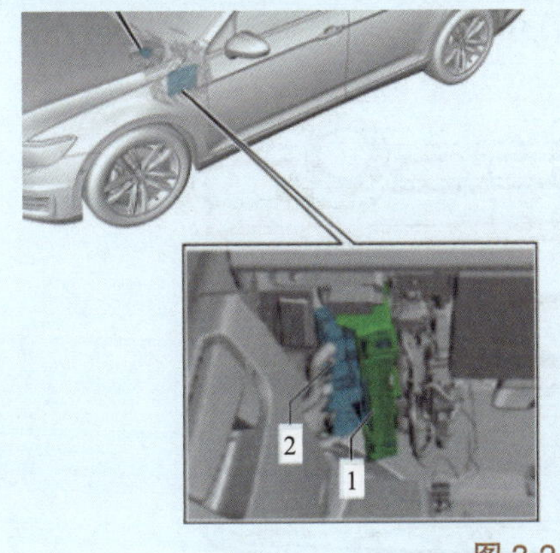

车载电网控制单元的功用：

图 3-2-11　车载电网控制单元安装位置

1—支架；2—车载电网控制单元

微组织 20：老师检查纠错，学生改正错误。微评价：☆☆☆☆☆

任务三　排除倒车灯常见故障

步骤一：检查故障车辆

1．请对照表 3-3-1 所示工单，按照故障车辆实际情况进行填写。

表 3-3-1　汽车维修中心维修工单

来店时间：　年　月　日　时					交车时间：　月　日　时				
顾客姓名			车牌号		车型			车辆颜色	
顾客电话			行驶里程		VIN 号				
维修项目									
km 常规保养□　一般维修□　事故车□　洗车□　其他□									
序号	维修项目	配件	工时	合计	序号	维修项目	配件	工时	合计
1					8				
2					9				
3					10				
4					11				
5					12				
6					13				
7					合计：				
故障描述及诊断结果									

续表

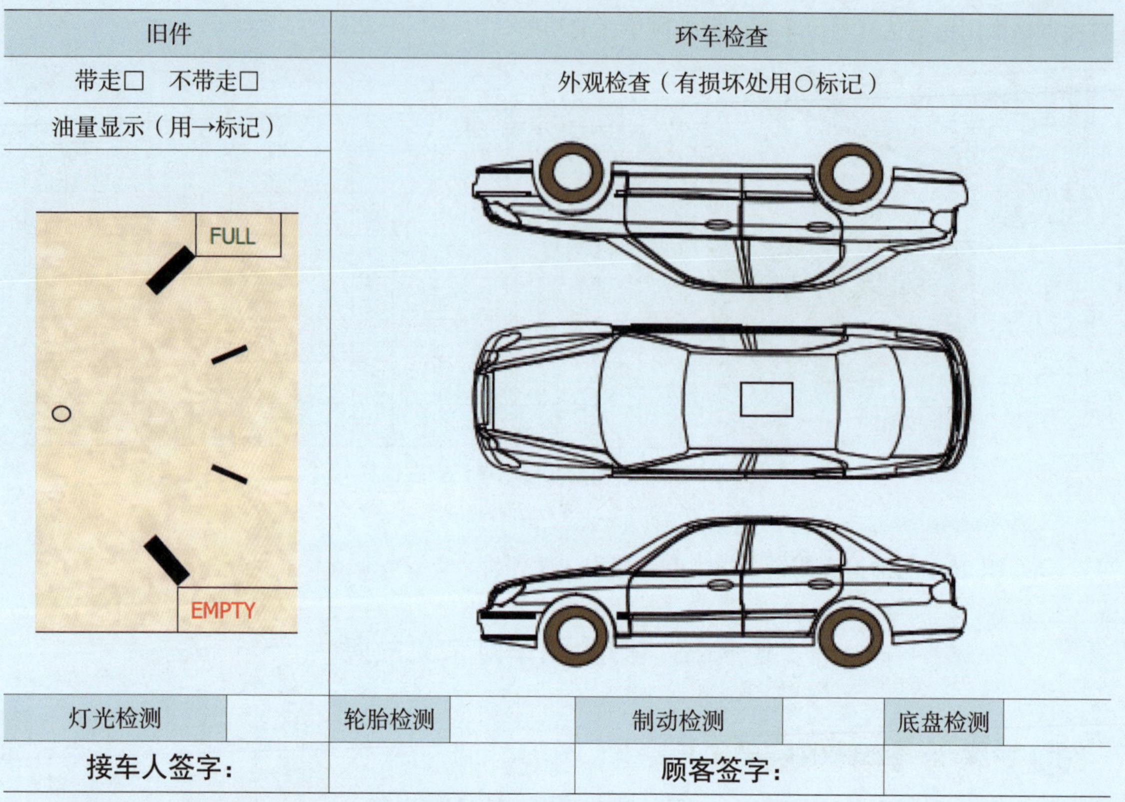

旧件	环车检查
带走□　不带走□	外观检查（有损坏处用○标记）
油量显示（用→标记）	
FULL EMPTY	

灯光检测		轮胎检测		制动检测		底盘检测	
接车人签字：				顾客签字：			

微组织 1：老师检查纠错，学生改正错误。微评价：☆☆☆☆☆

步骤二：作业准备

请详细复述作业准备项目与内容，对照表 3-3-2 核准检查。若已准备好，请用铅笔在相应项目内容后的方框内画上“√”；若有遗漏，请补充后再画上“√”。

表 3-2-2　排除倒车灯常见故障作业准备检查表

项　目	内　容
作业场地	带有消防设施的作业场地□
设备设施	整车□　工具车□　零件车□　吹气枪□　垃圾桶□
工量辅具	套筒扳手组合套具□　预置力式扭力扳手□　万用表□　高频放电计□　试电灯□　故障诊断仪□　翼子板防护三件套□　汽车测试线□　示波器□
耗材	清洁布□　泡沫清洁剂□　发动机机油□　红色油漆□　着色渗透探伤剂（清洁剂 / 去除剂、渗透剂、显像剂）□　塑料间隙规□

微组织 2：老师检查纠错，学生改正错误。微评价：☆☆☆☆☆

步骤三：确认故障现象

1. 请结合维修手册、老师讲解，查阅主教材并观看相关视频，认真分析迈腾 B8 倒车灯工作过程，将控制原理用铅笔认真填写入表 3-3-3 中。

表 3-3-3　迈腾 B8 打到车灯工作过程

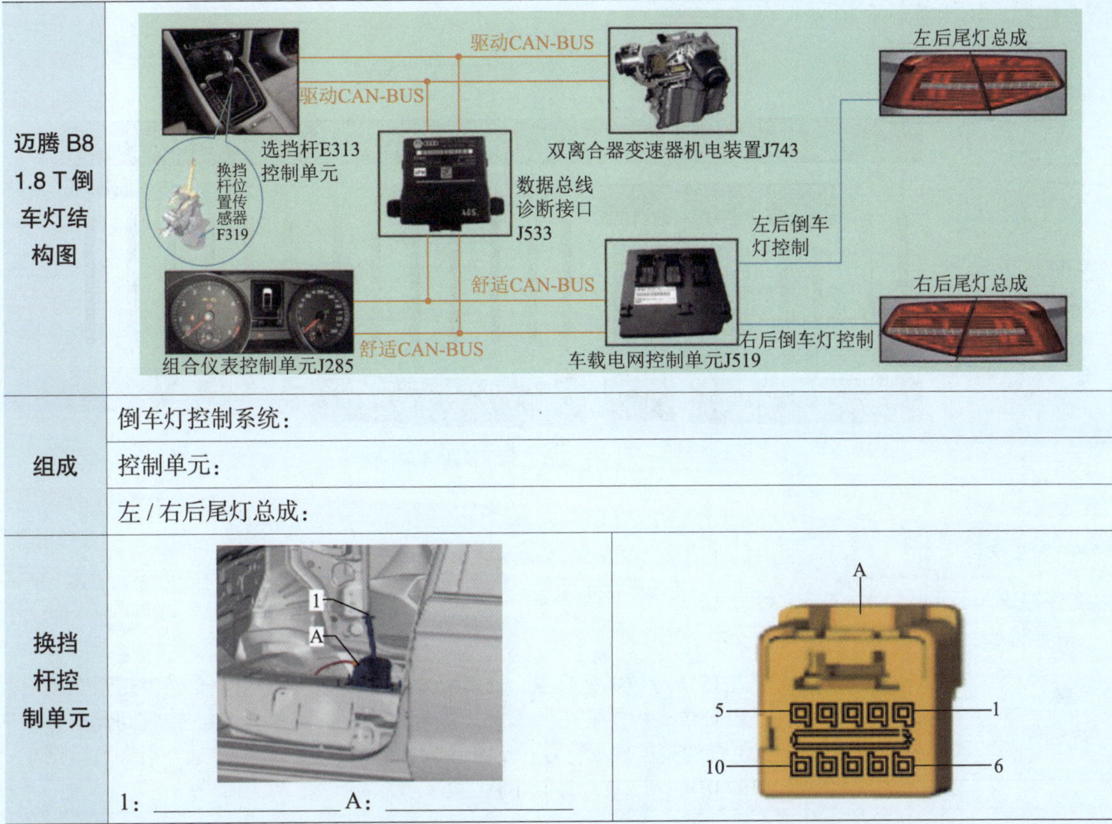

项目	内容	
迈腾 B8 1.8 T 倒车灯结构图	（见上图）	
组成	倒车灯控制系统：	
	控制单元：	
	左 / 右后尾灯总成：	
换挡杆控制单元	1：________ A：________	

微组织 3：老师检查纠错，学生改正错误。微评价：☆☆☆☆☆

2. 请结合迈腾 B8 1.8 T 倒车灯工作过程、维修手册、老师讲解，查阅主教材并观看相关视频，根据提示记录检查结果，用铅笔认真填写在表 3-3-4 中。

表 3-2-4　故障检查结果初步分析

序　号	检查内容	检查结果	故障可能
1	打开点火开关，观察仪表板显示	显示异常	如所有状态指示灯故障，需要先排除仪表显示异常故障
2	观察换挡面板挡位指示灯目前的状态（P 或 N）显示	如果换挡面板挡位指示灯显示异常	
3	将变速杆移至 R 位，观察换挡面板挡位指示灯	换挡面板上只是 R 位指示灯不亮	
		组合仪表板上 R 位指示异常	
4	将换挡杆换至 R 挡，观察后尾灯上倒车灯	后尾灯上倒车灯全部不亮	
		后尾灯上倒车灯一侧不亮	

微组织 3：老师检查纠错，学生改正错误。微评价：☆☆☆☆☆

3. 请结合维修手册、老师讲解，查阅主教材并观看相关视频认真分析迈腾 B8 倒车灯工作原理，将工作原理用铅笔认真填写入表 3-3-5 中。

表 3-3-5　迈腾 B8 1.8 T 到车灯工作原理

<table>
<tr><td>迈腾 B8 倒车灯结构图</td><td>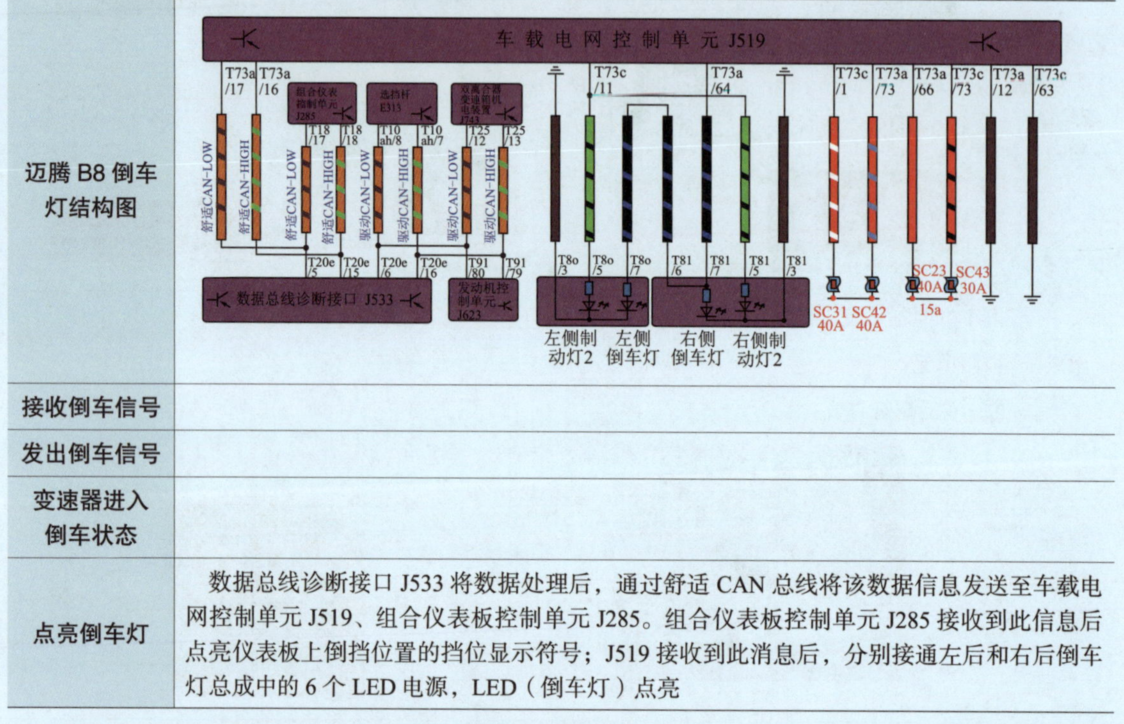
</td></tr>
<tr><td>接收倒车信号</td><td></td></tr>
<tr><td>发出倒车信号</td><td></td></tr>
<tr><td>变速器进入倒车状态</td><td></td></tr>
<tr><td>点亮倒车灯</td><td>数据总线诊断接口 J533 将数据处理后，通过舒适 CAN 总线将该数据信息发送至车载电网控制单元 J519、组合仪表板控制单元 J285。组合仪表板控制单元 J285 接收到此信息后点亮仪表板上倒挡位置的挡位显示符号；J519 接收到此消息后，分别接通左后和右后倒车灯总成中的 6 个 LED 电源，LED（倒车灯）点亮</td></tr>
</table>

微组织 4：老师检查纠错，学生改正错误。微评价：☆☆☆☆☆

4. 请结合迈腾 B8 1.8 T 倒车灯控制原理、维修手册、老师讲解，查阅主教材并观看相关视频，将倒车灯常见故障排除流程用铅笔认真填写在图 3-3-1 中。

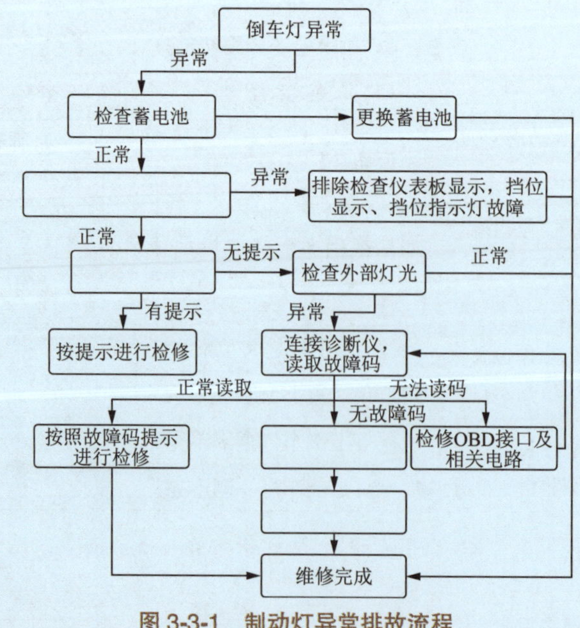

图 3-3-1　制动灯异常排故流程

微组织 5：老师检查纠错，学生改正错误。微评价：☆☆☆☆☆

5. 请查阅教材和维修手册，完善表 3-3-6。

表 3-3-6　汽车倒车灯系统故障检测技术要求

项　目	标　准
挡位传感器和变速杆控制单元出现故障	首先表现仪表板挡位显示异常、车辆无法起动、车辆换入行驶挡位后不能移动。所以，此处先不考虑倒车灯不亮故障，首先________、________、________故障
总线系统和控制单元出现故障	首先表现为仪表板显示异常、车辆无法起动。所以，此处也不考虑倒车灯不亮故障，首先________、________故障

微组织 6：老师检查纠错，学生改正错误。微评价：☆☆☆☆☆

步骤四：检查倒车灯

1. 结合迈腾 B8 1.8 T 制动灯控制原理及图 3-3-2 制动灯开关电路图，分析制动灯开关信号的故障可能，在下面方框中用铅笔认真写出故障可能。

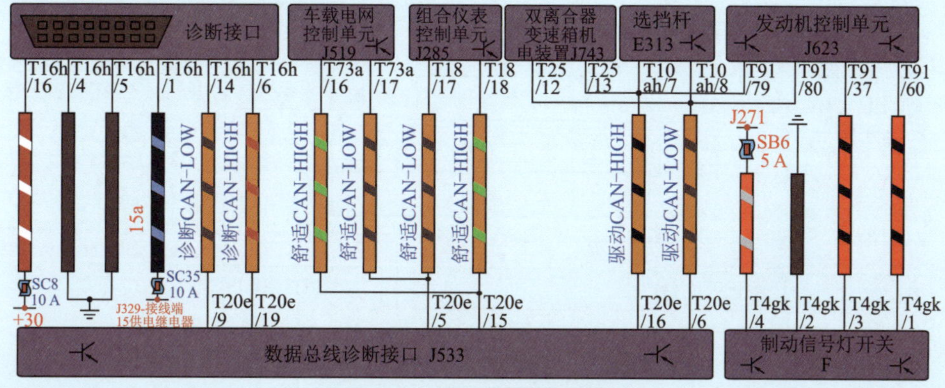

图 3-3-2　制动灯开关电路图

从迈腾 B8 1.8 T 制动开关电路原理图可以看出，制动开关电源由主继电器 J271 供给，在通过 SB6 熔丝分配给制动开关 T4gk/4 端子，通过制动开关 T4gk/2 端子搭铁构成回路。

点火开关开至 ON 挡或起动发动机，主继电器 J271 工作，电源进入 F（制动信号灯开关）T4gk/4 端子并通过 T4gk/2 端子搭铁。迈腾 B8 的制动开关采用霍尔式结构，它向发动机控制模块输出两个相反的电压信号，即 0 V 和 +B。由此制动灯开关信号电路常见故障如下：

微组织 7：老师检查纠错，学生改正错误。微评价：☆☆☆☆☆

2. 请仔细观看老师示范，结合老师讲解，查阅主教材并观看相关视频，将检查计划用铅笔认真填写在表 3-2-7 中。

表 3-2-7　倒车灯检查计划

工　序	内　容	工量辅具
1		
2		

续表

工　序	内　容	工量辅具
3		
4		
5		
6		
7		

微组织 8：老师检查纠错，学生改正错误。微评价：☆☆☆☆☆

3. 请结合迈腾 B8 1.8 T 倒车灯电路图、维修手册、老师讲解查阅主教材并观看相关视频，将倒车灯无故障码排故流程用铅笔认真填写在图 3-3-3 中。

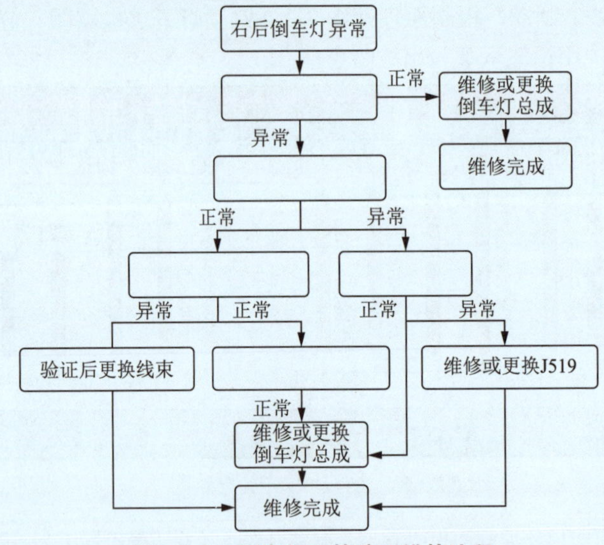

图 3-3-3　倒车灯无故障码排故流程

微组织 9：老师检查纠错，学生改正错误。微评价：☆☆☆☆☆

4. 请结合维修手册、老师讲解查阅主教材并观看相关视频认真分析迈腾 B8 1.8 T 倒车灯控制原理，将控制原理用铅笔认真填写入表 3-3-8 中。

表 3-3-8　迈腾 B8 到车灯控制原理

迈腾 B8 1.8 T 倒车灯结构图	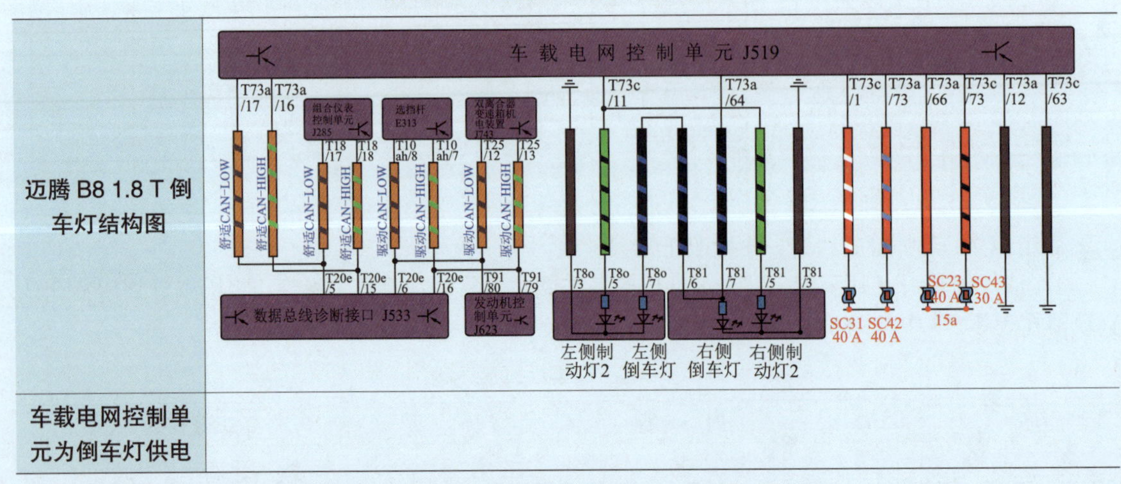
车载电网控制单元为倒车灯供电	

微组织 10：老师检查纠错，学生改正错误。微评价：☆☆☆☆☆

5. 请依据低压电路检修原则，结合制订的检查计划进行检查，并用铅笔将检查结果填入表 3-3-9 同时给出维修建议。

表 3-3-9　倒车灯检查结果

1. 测试标准：打开点火开关至 ON 挡或起动发动机。将变速杆置于 R 位，测量右后倒车灯 M17 的 T81/7 端子对搭铁电压，测试值应为 +B

可能	实测结果	状态	操作
1			
2			
3			

2. 测试标准：打开点火开关至 ON 挡或起动发动机。将变速杆置于 R 位，测量 J519 的 T73a/64 端子对搭铁电压，测试值应为 +B

可能	实测结果	状态	可能原因	操作
1				
2				
3				

3. 测试标准：关闭点火开关，拔下右后倒车灯 M17 和 J519 插接器，该导线端对端电眼应小于 2 Ω

可能	实测结果	状态	可能原因	
1	小于 2 Ω	正常		
2	无穷大		T73a/64 与 T81/7 间线路断路	
3	大于 2 Ω		T73a/64 与 T81/7 间线路虚接	

4. 测试标准：关闭点火开关，断开右后倒车灯 T87 与 T73a 插接件，测试结果应符合要求。
注意：需要先确认以上模块与元件之间连接线路无断路或电阻过大故障

步骤	测试部位	实测结果	状态	可能原因	操作
1	测量 T87 插接件端的 T87/7 端子对搭铁电阻		正常		
		小于 2 Ω			
2	连接 T73a 插接件，测量 T87/7 端子对搭铁电阻	大阻值			
			异常		
3	连接 T87 插接件 T87/7 端子对搭铁电阻		正常		
		小于 2 Ω			

5. 测试标准：在任何工况条件下，T10az5 端子对塔铁电压均应小于 0.1 V

可能	实测结果	状态	可能原因	操作
1				
2				
3				
4				

续表

6．测量标准				
可能	实测结果	状态	可能原因	操作
1				
2				
3				
4				
5				
6				

微组织 10：老师检查纠错，学生改正错误。微评价：☆☆☆☆☆

6．请根据检修计划实施检修，详细总结操作过程中出现的问题，试着分析产生的原因，归纳出关键词，用铅笔认真填写在图 3-3-4 中。

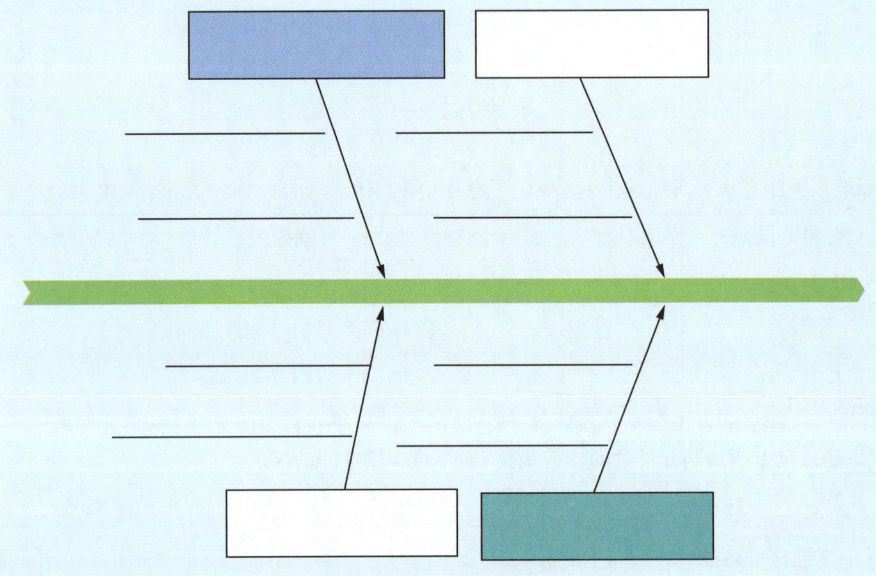

图 3-3-4　操作过程中出现的问题与原因

微组织 11：老师检查纠错，学生改正错误。微评价：☆☆☆☆☆

7．请结合检查结果在图 3-3-5 中标示出仪表状态。

仪表状态 1：________________

仪表状态 2：________________

图 3-3-5　倒车挡仪表显示状态

微组织 12：老师检查纠错，学生改正错误。微评价：☆☆☆☆☆

案例

新能源汽车比亚迪秦 EV 动力母线电流传感器信号故障

故障现象：连接充电枪至车辆侧慢充接口，释放充电枪锁止开关，在充电枪连接完成 8 s 内听到主正、主负继电器发出“卡塔”的工作声，同时充电枪锁发出“卡塔”的锁止声，观察充电设备，充电设备上的绿色充电灯正常闪烁。此时观察组合仪表，仪表上充电连接指示灯点亮，SOC 显示正常，同时显示充电中。但是，仪表中部的充电功率及充电时间显示异常，如图 3-3-6 所示。

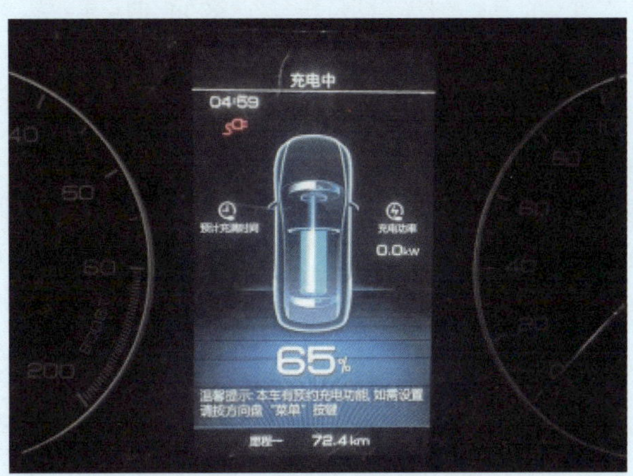

图 3-3-6　组合仪表充电状态指示

故障可能：

（1）电流传感器信号及线路断路、虚接、短路故障。

（2）电流传感器自身故障。

（3）电池管理系统（BMS）自身（电流监测）故障。

故障分析：动力母线电流传感器是车辆行驶过程中整车计算驱动力以及动力电池运行管理的主要参考信号。而在充电过程中，电流传感器是计算充电电流以及充电时间的主要信号，如果在行驶过程中电流传感器信号及自身出现故障，这将导致车辆驱动系统无法判断当前动力电池总电流，进而可能造成系统采取限功率措施。而在充电过程中，如果无法获取动力母线电流传感器信号，导致车载充电机 SOC 无法计算和监测输出电流，进而启动充电功能保护措施，车辆无法充电，原理图如图 3-3-7 所示。

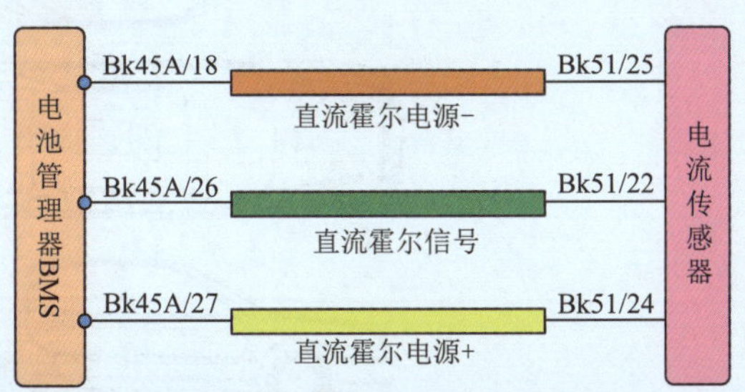

图 3-3-7　交流充电插座线路原理图

故障排除：检测 BMS 与电流传感器间“直流霍尔电源 -”，“直流霍尔电源 +”和直流霍尔信号这三根导线的端子电压、电阻及导通性。如果电压异常，则需要维修电源管理器或电流传感器，如果导线的电阻异常，则需要更换电阻异常的导线，如果导线断路，则更换该导线即可。

任务四　排除转向、警告灯系统故障

步骤一：检查故障车辆

请对照表 3-4-1 所示维修工单，按照故障车辆实际情况进行填写。

表 3-4-1　汽车维修中心维修工单

<table>
<tr><td colspan="10">来店时间：　年　月　日　时　　　交车时间：　月　日　时</td></tr>
<tr><td colspan="2">顾客姓名</td><td></td><td>车牌号</td><td></td><td colspan="2">车型</td><td></td><td>车辆颜色</td><td></td></tr>
<tr><td colspan="2">顾客电话</td><td></td><td>行驶里程</td><td></td><td colspan="2">VIN 号</td><td colspan="3"></td></tr>
<tr><td colspan="10">维修项目</td></tr>
<tr><td colspan="10">km 常规保养□　一般维修□　事故车□　洗车□　其他□</td></tr>
<tr><td>序号</td><td>维修项目</td><td>配件</td><td>工时</td><td>合计</td><td>序号</td><td>维修项目</td><td>配件</td><td>工时</td><td>合计</td></tr>
<tr><td>1</td><td></td><td></td><td></td><td></td><td>8</td><td></td><td></td><td></td><td></td></tr>
<tr><td>2</td><td></td><td></td><td></td><td></td><td>9</td><td></td><td></td><td></td><td></td></tr>
<tr><td>3</td><td></td><td></td><td></td><td></td><td>10</td><td></td><td></td><td></td><td></td></tr>
<tr><td>4</td><td></td><td></td><td></td><td></td><td>11</td><td></td><td></td><td></td><td></td></tr>
<tr><td>5</td><td></td><td></td><td></td><td></td><td>12</td><td></td><td></td><td></td><td></td></tr>
<tr><td>6</td><td></td><td></td><td></td><td></td><td>13</td><td></td><td></td><td></td><td></td></tr>
<tr><td>7</td><td></td><td></td><td></td><td></td><td colspan="2">合计：</td><td></td><td></td><td></td></tr>
<tr><td colspan="10">故障描述及诊断结果</td></tr>
<tr><td colspan="10"></td></tr>
<tr><td colspan="3">旧　件</td><td colspan="7">环 车 检 查</td></tr>
<tr><td colspan="3">带走□　不带走□</td><td colspan="7">外观检查（有损坏处用○标记）</td></tr>
<tr><td colspan="3">油量显示（用→标记）
FULL
EMPTY</td><td colspan="7"></td></tr>
<tr><td colspan="2">灯光检测</td><td></td><td>轮胎检测</td><td></td><td colspan="2">制动检测</td><td></td><td>底盘检测</td><td></td></tr>
<tr><td colspan="5">接车人签字：</td><td colspan="5">顾客签字：</td></tr>
</table>

微组织 1：老师检查纠错，学生改正错误。微评价：☆☆☆☆☆

步骤二：作业准备

请详细复述作业准备项目与内容，对照表 3-4-2 核准检查。若已准备好，请用铅笔在相应项目内容后的方框内画上“√”；若有遗漏，请补充后再画上“√”。

表 3-4-2　排除转向、警告灯系统故障作业准备检查表

项　目	内　容
作业场地	带有消防设施的作业场地□
设备设施	整车□　工具车□　零件车□　吹气枪□　垃圾桶□
工量辅具	套筒扳手组合套具□　预置力式扭力扳手□　万用表□　高频放电计□　试电灯□　故障诊断仪□　翼子板防护三件套□　汽车测试线□　示波器□
耗材	清洁布□　泡沫清洁剂□　发动机机油□　红色油漆□　着色渗透探伤剂（清洁剂 / 去除剂、渗透剂、显像剂）□　塑料间隙规□

微组织 2：老师检查纠错，学生改正错误。微评价：☆☆☆☆☆

步骤三：确认故障现象

1. 请结合维修手册、老师讲解查阅主教材并观看相关视频，认真分析迈腾 B8 转向灯控制原理，将转向灯控制原理用铅笔认真填写入表 3-4-3 中。

表 3-4-3　迈腾 B8 1.8 T 转向灯控制原理

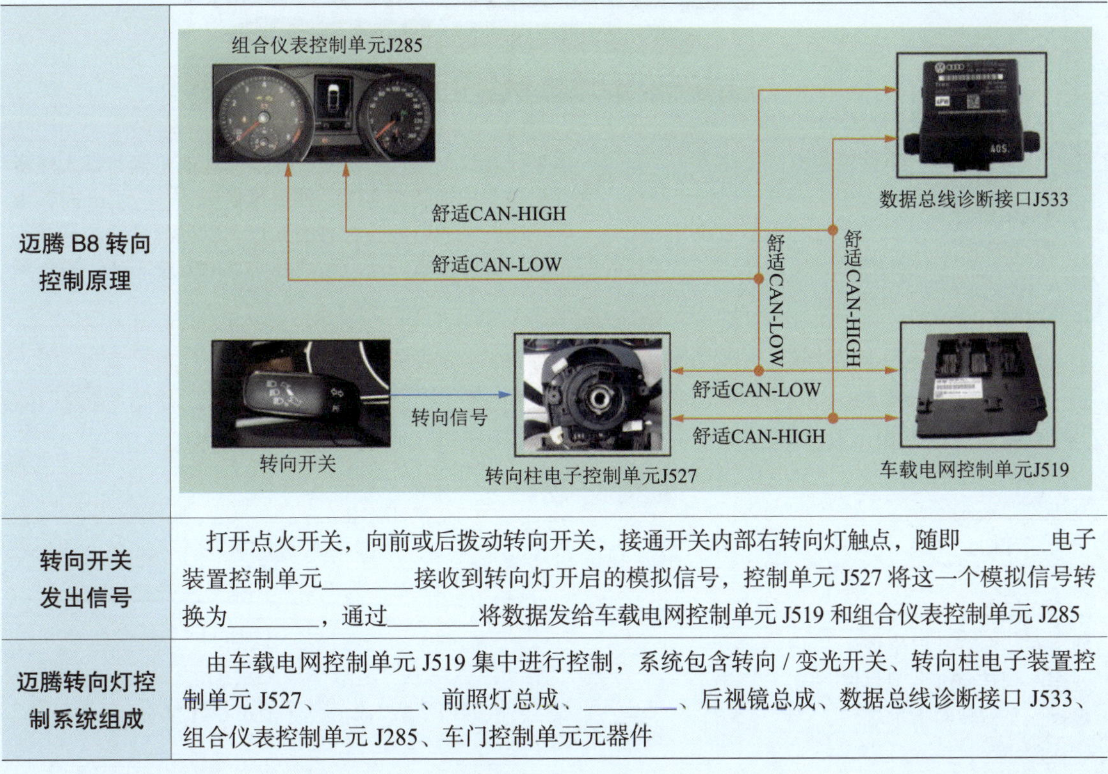

迈腾 B8 转向控制原理	
转向开关发出信号	打开点火开关，向前或后拨动转向开关，接通开关内部右转向灯触点，随即________电子装置控制单元________接收到转向灯开启的模拟信号，控制单元 J527 将这一个模拟信号转换为________，通过________将数据发给车载电网控制单元 J519 和组合仪表控制单元 J285
迈腾转向灯控制系统组成	由车载电网控制单元 J519 集中进行控制，系统包含转向 / 变光开关、转向柱电子装置控制单元 J527、________、前照灯总成、________、后视镜总成、数据总线诊断接口 J533、组合仪表控制单元 J285、车门控制单元元器件

微组织 3：老师检查纠错，学生改正错误。微评价：☆☆☆☆☆

2．请结合维修手册、老师讲解查阅主教材并观看相关视频认真分析迈腾 B8 1.8T 转向、危险警告灯开关，将你认识的转向、危险警告灯开关用铅笔认真填写入表 3-4-4 中。

表 3-4-4　迈腾 B8 1.8 T 转向灯控制原理

迈腾转向灯开关位置	
迈腾转向灯开关	迈腾转向开关、________和驾驶辅助系统操作按钮为一体。开关使用内部连接线束和________相连
迈腾危险警告灯开关位置	
迈腾危险警告灯开关	危险警告灯，俗称为________，位于仪表台________，是一种提醒其他车辆与行人注意本车发生了特殊情况的信号灯。在驾车过程中遇到浓雾时，能见度低于________m 时，由于视线不好，不但应该开________灯，还应该开启危险报警闪光灯，以提醒过往车辆及行人的注意，特别是________行驶的车辆，保持应有的安全距离和必要的安全车速，避免紧急制动引起________

微组织 3：老师检查纠错，学生改正错误。微评价：☆☆☆☆☆

3．请结合迈腾 B8 1.8 T 转向、危险警告灯控制原理、维修手册、老师讲解，查阅主教材并观看相关视频，根据提示观察仪表板显示并将分析内容用铅笔认真填写在表 3-4-5 中。

表 3-4-5　故障现象分析

操　　作	结　　果	故障可能原因
向后拨动转向灯开关手柄至左转向灯开启位置，观察左侧转向灯，观察仪表板上左侧转向指示灯	闪烁频率________	1．至左侧某个转向灯控制信号及线路故障； 2．____________；3．____________
	仪表显示________	1．____________；2．____________； 3．转向柱电子装置控制单元 J527 电源、线路故障； 4．____________；5．____________

续表

操　作	结　果	故障可能原因
迈腾仪表显示及转向灯闪烁频率		
按下危险警告灯开关，观察前部左右两侧转向灯，观察后部左、右两侧转向灯，仪表板上左、右两侧转向指示灯	异常	1. ________________; 2. ________________; 3. 转向柱电子装置控制单元电源、线路故障; 4. ________________; 5. 左、右侧转向灯 LED 故障; 6. ________________; 7. 舒适 CAN 总线故障
观察仪表板是否提示灯光系统故障	如果仪表板提示灯光系统故障	根据仪表板提示进行检查和维修
	在危险警告灯开启状态下，所有转向灯________	1. 转向灯开关以及线路故障; 2. ________________; 3. ________________; 4. 舒适 CAN 总线故障
	在危险警告灯开启状态下，一侧转向灯________	1. 至左、右侧各个转向灯控制信号及线路故障; 2. ________________; 3. 左、右侧各个转向灯搭铁以及线路故障

微组织 4：老师检查纠错，学生改正错误。微评价：☆☆☆☆☆

4. 请结合迈腾 B8 1.8T 转向、危险警告灯控制原理、维修手册、老师讲解，查阅主教材并观看相关视频，确认故障现象后用铅笔将分析结果认真填写在图 3-4-1 中。

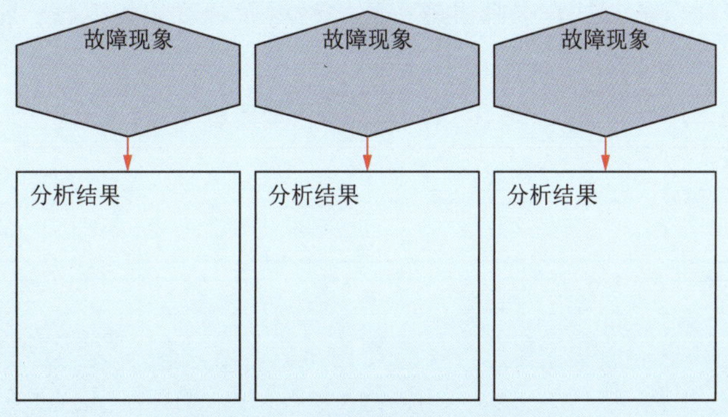

图 3-4-1　故障现象与分析结果

微组织 5：老师检查纠错，学生改正错误。微评价：☆☆☆☆☆

步骤四：检查前（后）转向灯控制线路

1. 结合迈腾 B8 1.8 T 转向灯控制原理图 3-4-2，分析转向灯控制线路可能出现的故障，在下面方框中用铅笔认真写出。

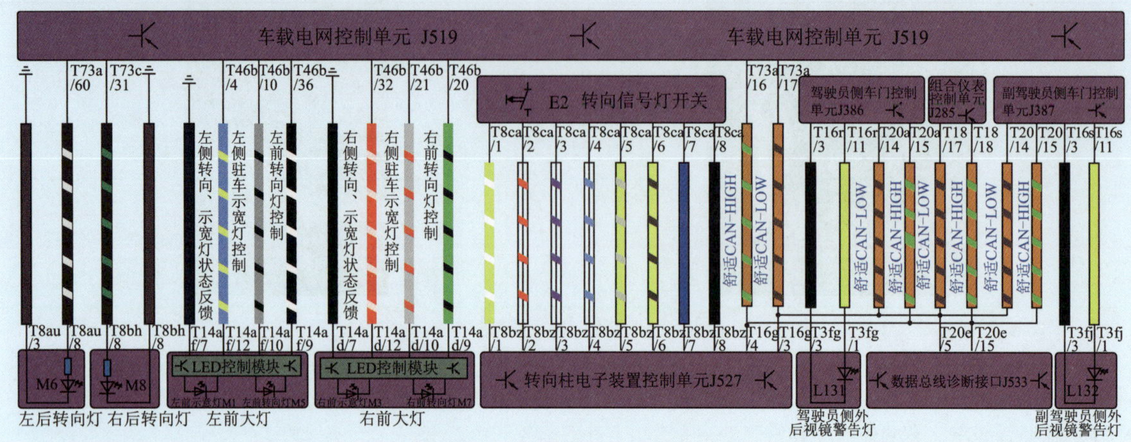

图 3-4-2　转向灯控制原理图

从迈腾 B8 1.8 T 前转向灯控制电路原理图可以看出，左、右前转向灯电源由车载电网控制单元 J519 控制。左前转向灯 M5 控制由 J519 通过其 T46b/36 端子和左前转向灯 T14af/9 之间的电路给左前转向灯 M5 提供电源，再通过左前转向灯端子 T14af/10 端子搭铁构成回路，点亮左前转向灯 M5。由此转向灯控制电路常见故障如下：

微组织 6：老师检查纠错，学生改正错误。微评价：☆☆☆☆☆

2. 请仔细观看老师示范，结合老师讲解查阅主教材并观看相关视频，将检查计划用铅笔认真填写在表 3-4-6 中。

表 3-4-6　转向灯检查计划

工　序	内　容	工量辅具
1		
2		
3		
4		
5		
6		

续表

工　序	内　容	工量辅具
7		
8		
9		

微组织 7：老师检查纠错，学生改正错误。微评价：☆☆☆☆☆

3. 请结合迈腾 B8 1.8 T 转向灯电路图、维修手册、老师讲解，查阅主教材并观看相关视频，将转向灯无故障码排故流程用铅笔认真填写在图 3-4-3 中。

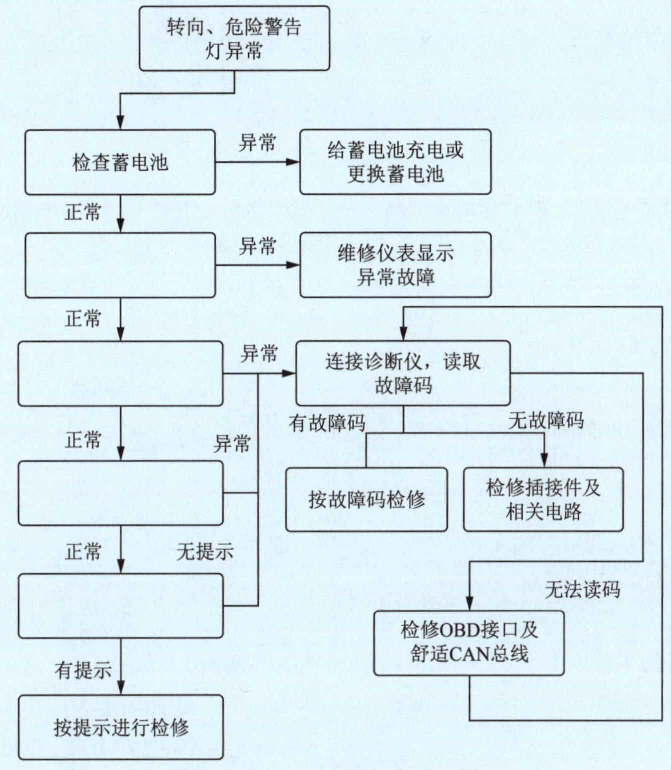

图 3-4-3　转向灯排故流程图

微组织 8：老师检查纠错，学生改正错误。微评价：☆☆☆☆☆

4. 请依据低压电路检修原则，结合制订的检查计划进行检查，并用铅笔将检查结果填入表 3-4-7，同时给出维修建议。

表 3-4-7　转向灯控制电路检查结果

1. 测试标准：任何时候按下警告灯开关或打开点火开关且将转向开关旋至左转向位置，测试值应在 0 V 和 +B 之间来回交替			
可能	实测结果	状态	操作
1	0 → +B 交替	正常	
2		异常	
3	0 和 0.1 → +B 交替	异常	

续表

2．测试标准：任何时候按下警告灯开关或打开点火开关且将转向开关拨至左转向位置，测试值应在 0 V 和 +B 之间来回交替

可能	实测结果	状态	可能原因	操作
1		正常		
2	0		J519 故障（局部）	
3	0 和 0.1 → +B 间交替	异常		

3．测试标准：关闭点火开关，拔下 M5 和 J519 插接器，导线端对端电阻应小于 2 Ω

可能	实测结果	状态	可能原因	操作
1	小于 2 Ω	正常	线束插接器故障	检修插接器
2				
3				

4．测试标准：关闭点火开关，断开左前转向灯 T14af 与控制单元 J519 的 T46b 插接件
注意：需先确认以上模块与元件之间连接线路无断路或虚接故障

可能	测试部位	实测结果	状态	可能原因	操作
1	测量 M5 的 T14af/9 端子对搭铁电阻	无穷大			
			异常	线路对搭铁短路	维修线路
2	连接 J519 的 T46b 插接件，测量 M5 的 T10az/9 端子对搭铁电阻		正常		
		无穷大			更换总成
3	连接M5的T14af插接件，测量 M5 的 T14af/9 端子对搭铁电阻		正常		维修结束
		小于 2 Ω			更换 J519

5．测试标准：在任何工况条件下，T10az/5 端子对搭铁电压均应小于 0.1 V

可能	实测结果	状态	可能原因	操作
1		正常	在灯光工作异常时考虑 LED 灯泡故障	换总成或灯泡
2		异常		检修线路
3		异常		检修线路

微组织 9：老师检查纠错，学生改正错误。微评价：☆☆☆☆☆

5．请结合测量过程，查阅主教材和相关资料，总结检查转向灯控制线路中的注意事项，用铅笔认真填写在图 3-4-4 中。

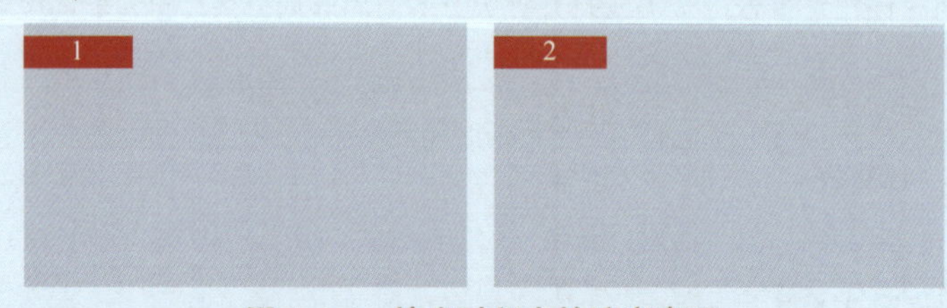

图 3-4-4 检查过程中的注意事项

微组织 10：老师检查纠错，学生改正错误。微评价：☆☆☆☆☆

步骤五：检查危险警告灯开关线路

1. 结合迈腾 B8 1.8 T 危险警告灯开关线路原理图 3-4-5，分析危险警告灯开关线路可能的故障，并认真填写在下面的方框中。

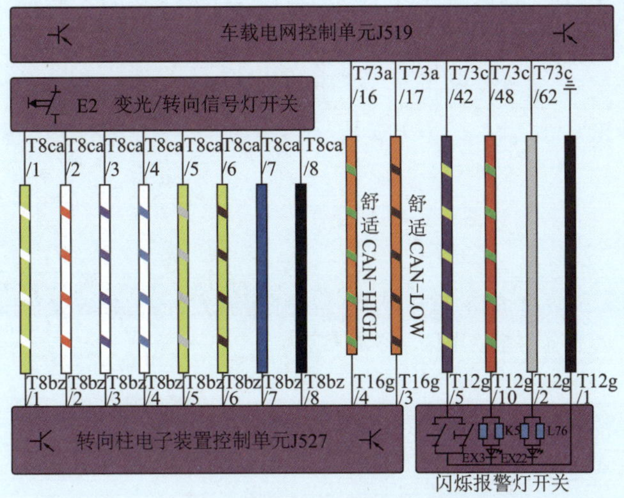

图 3-4-5　转向灯控制线路原理图

从迈腾 B8 1.8 T 危险警告灯开关控制电路原理图可以看出，车载电网控制单元 J519 通过其 T73c/42 端子和危险警告灯开关 T12g/5 端子之间的电路连接到危险警告灯开关，然后通过开关的 T12g/1 端子构成搭铁回路（开关闭合时）。车载电网控制单元 J519 通过监测其 T73c/42 端子的电压状态，就可判断出危险警告灯开关是开启还是关闭，即高电位（开关断开）时关闭危险警告灯，低电位（开关闭合）时开启危险警告灯。由此制动灯开关信号电路常见故障如下：

微组织 11：老师检查纠错，学生改正错误。微评价：☆☆☆☆☆

2. 请仔细观看老师示范，结合老师讲解查阅教材并观看相关视频，将检查计划用铅笔认真填写在表 3-4-8 中。

表 3-4-8　转向灯检查计划

工　序	内　容	工量辅具
1		
2		
3		
4		
5		

微组织 7：老师检查纠错，学生改正错误。微评价：☆☆☆☆☆

3．请依据低压电路检修原则，结合制订的检查计划进行检查，并用铅笔将检查结果填入表 3-4-9，同时给出维修建议。

表 3-4-9　转向灯开关电路检查结果

1. 测试标准: 在任何时候，未打开危险警告灯开关时，测试值应在 3.5 ～ 4.5 V 交替，按下危险警告灯开关，测量 J519 的 T73c/42 端子对搭铁电压，测试值应为 0

可能	实测结果		状态	操作
	开关未按下	开关按下		
1		0	正常	
2		3.5 ～ 4.5 V 交替	异常	
3	0		异常	

2. 测试标准: 在任何时候，未打开危险警告灯开关时，测试值应在 3.5 ～ 4.5 V 交替，按下危险警告灯开关，测量危险警告灯开关 T12g/5 端子对搭铁电压，测试值应为 0

可能	实测结果		可能原因	状态	操作
	开关为按下	开关按下			
1	3.5 ～ 4.5 V 交替			正常	
2	3.5 ～ 4.5 V 交替	3.5 ～ 4.5 V 交替		异常	
3	0		J519 断路或对搭铁短路	异常	

3．测试标准：关闭点火开关，拔下危险警告灯开关和 J519 插接器，该导线端对端电限应小于 2 Ω

可能	实测结果	状态	可能原因	操作
1	小于 2Ω	正常		检查插接器
2				检修线路
3			T73c/42 与 T12g/5 间线路虚接	

4．测试标准：关闭点火开关，按危险警报灯开关，该两端电阻应小于 2 Ω

可能	实测结果	状态	可能原因	操作
1			线束插接器故障	检修插接器
2				检修线路
3	大于 2 Ω	异常		

5．测试标准：关闭点火开关，断开危险警告灯开关 T12g 与 J519 的 T73c 插接件
注意：需先确认以上模块与元件之间连接线路无断路或虚接故障

可能	测试部位	实测结果	状态	可能原因	操作
1	测量开关的 T12g/5 端子对搭铁电阻	无穷大	正常		转本表 2
					维修线路
2	连接 J519 的 T73c 插接件，测量开关的 T12g/5 端子对搭铁电阻	无穷大	正常		转本表 3
					更换 J519
3	连接 M6 的 T8au 插接件，测量 M6 的 T8au/8 端子对搭铁电阻	无穷大	正常		维修结束

续表

6．测试标准：在任何工况条件下，T12g/1 端子对搭铁电压均应小于 0.1 V				
可能	实测结果	状态	可能原因	操作
1	0	正常	在灯光工作异常时考虑 LED 灯泡故障	考虑灯泡损坏
2	0.1 → +B	异常	搭铁线路虚接	检修线路
3	+B	异常	搭铁线路断路	检修线路

微组织 8：老师检查纠错，学生改正错误。微评价：☆☆☆☆☆

4．请根据检查计划进行检查，详细总结操作过程中出现的问题，试着分析产生的原因，归纳出关键词，用铅笔认真填写在图 3-4-7 中。

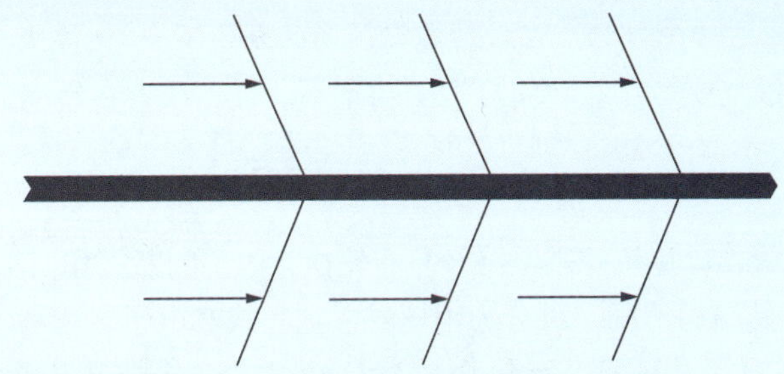

图 3-4-7　检查过程中出现的问题与原因

微组织 9：老师检查纠错，学生改正错误。微评价：☆☆☆☆☆

5．请查阅主教材并观看视频，结合拆卸过程对转向、危险警告灯的认识，回答下列问题。

（1）在图 3-4-8 的右侧用铅笔认真写出数字指示的零件名称。

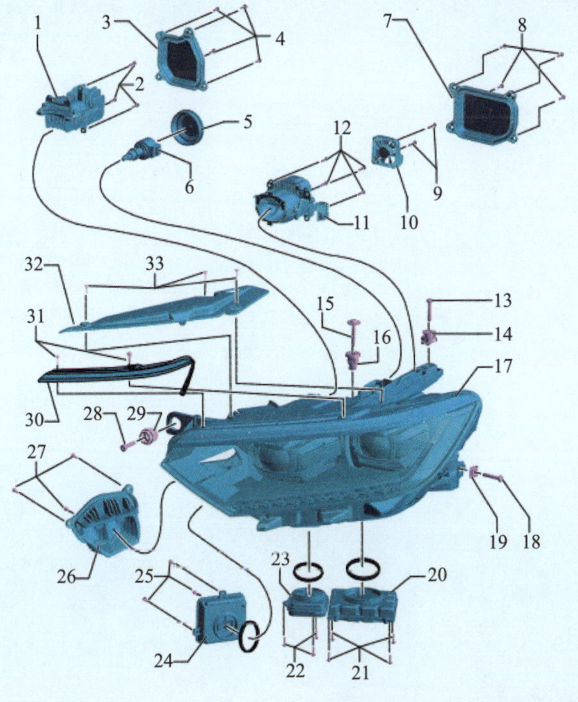

1．近光灯灯泡的 LED 模块	2．________
3．壳体盖	4．螺栓
5．________	6．________
7．________	8．螺栓
9．螺栓	10．________
11．________	12．螺栓
13．螺栓	14．________
15．螺栓	16．________
17．________	18．螺栓
19．________	20．________
21．螺栓	22．螺栓
23．________	24．________
25．螺栓	26．________
27．螺栓	28．螺栓
29．________	30．________
31．螺栓	32．盖板
33．螺栓	

图 3-4-8　带大灯随动转向的 LED 大灯

案例

案例一：打开左右转向灯及危险灯时，无正常的滴滴响，且转向灯不亮。

故障原因：

① 闪光器继电器损坏。

② 转向灯熔丝已熔断。

故障排除：

故障① 可自行更换；故障② 需仔细检查转向灯线路是否有短路后，更换转向灯熔丝即可（一般转向灯熔丝在汽车保险盒内有图案标识或文字标识）。又因车辆的不同闪光器继电器也有所不同，一般都是三个插口的，所以因根据车型购买相匹配的闪光器继电器。

案例二：单边开启左右转向灯时，左右转向灯闪动的频率不一，一边快一慢。

故障原因：这种现象主要是左右转向灯泡的功率不一样，或者在转向灯其电路某处接触不良所致。

故障分析：

① 灯管采用氙气灯管，单片机控制电路，左右轮换频闪不间断工作。

② 采用闪光器：按其结构不同，可分为阻丝式、电容式和电子式三种。其中阻丝式又可分为热丝式（电热式）和翼片式（弹跳式），而电子式又可分为混合式（带触点式的继电器与电子元件）和全电子式（无继电器）。例如，弹跳式闪光器，利用电流热效应原理，以热胀冷缩为动力，使弹簧片产生突变动作，来接通和断开触点，实现灯光闪烁。

综合以上两种零件的结构，灯在长期使用的情况下会导致功率不一致，同样闪光继电器在长时间使用时也会导致左右接触不良。

故障排除：当转向左右的转向灯泡的功率不一样时建议更换灯泡；如果是继电器接触不良，建议更换。

项目四 检修前部灯光

项目任务单

项目描述	完成迈腾 2018 款 B8 1.8 T 的汽车前部灯光进行检修与故障排除作业
项目要求	符合迈腾 2018 款配备 B8 1.8 T 发动机 7 挡双离合变速器 ODE 的汽车技术要求与标准，正确使用工具，完成如下作业。 1. 检修前部灯光总成作业。 2. 检修示宽灯作业。 3. 检修远、近光灯作业。 4. 检修雾灯作业
学习目标	1. 说明检修汽车前部灯光总成的作业方法。 2. 复述检修示宽灯的作业方法。 3. 说明检修远、近光灯的作业方法。 4. 说明检修雾灯的作业方法。 5. 规范地对汽车前部灯光总成进行检修作业。 6. 规范地对示宽灯常见故障进行分析、诊断与排除作业。 7. 规范地对远、近灯常见故障进行分析、诊断与排除作业。 8. 规范地对雾灯常见故障进行分析、诊断与排除作业。 9. 完成“1+X”汽车维修工中级关于前部灯光部分的考核内容。 10. 养成自觉遵守技术标准和要求规定、规范操作、安全、环保、5S 作业、团结协作的好习惯。 11. 平凡人做平凡事，点燃星星之火。 12. 掌握故障树故障判断方法
项目载体	2018 款迈腾 B8 1.8 T 轿车前照灯照明及信号系统 
计划学时	18 ～ 24 学时

工作页	上课地点		学生姓名		完成 / 未完成
	任课老师		上课时间		优 / 良 / 中 / 及格

项目导入

一、讲一讲

在日常生活当中，有些人夜间开车时很少有检查车灯的习惯，直接点火就走，要知道夜间不开灯等于车辆“隐形”，非常危险。

近日，张某驾驶小型轿车，在 G340 国道由东向西行驶时，与驾驶电动自行车的田某发生碰撞，造成田某腿部骨折受伤的交通事故。事故发生时，正在下雨，由于张某的轿车前照灯不亮，没有看到田某，导致了事故的发生，下图为灯光使用不当的事故现场。

灯光使用不当的事故现场

根据《道路交通安全法》中关于灯光使用的规定，机动车在夜间没有路灯、照明不良或者遇有雾、雨、雪、沙尘、冰雹等低能见度情况下行驶时，应当开启前照灯、示廓灯和后位灯，但同方向行驶的后车与前车近距离行驶时，不得使用远光灯；在没有中心隔离设施或者没有中心线的道路上，夜间会车应当在距相对方向来车 150 m 以外改用近光灯，在窄路、窄桥与非机动车会车时应当使用近光灯。

根据事故发生原因，汽车前照灯的作用是什么？请用铅笔认真地写在下面方格内。

微组织 1：老师检查纠错，学生改正错误。微评价：☆☆☆☆☆

二、看一看：汽车前照灯的组成；找一找：前照灯

请查阅主教材并观看相关视频，完成下列思考和行动。

请结合老师的讲解，在下图右侧用铅笔认真地写出 1 ～ 5 车灯的名称，并思考汽车前部灯光的使用环境。

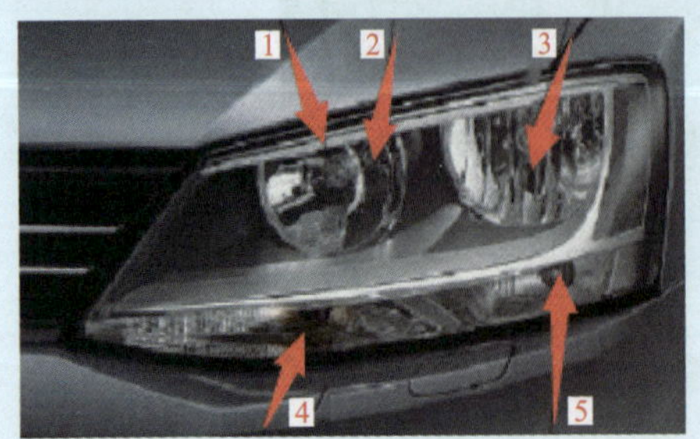

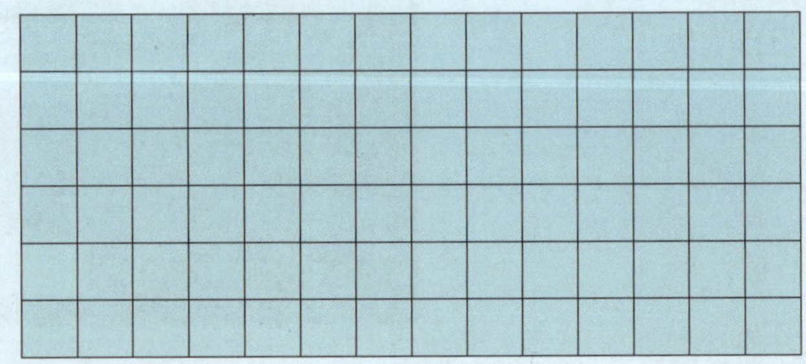

汽车前照灯的组成

微组织 2：老师检查纠错，学生改正错误。微评价：☆☆☆☆☆

三、学一学：迈腾 LED 大灯

请查阅主教材并观看相关视频，完成下列思考和行动。

请结合下图的迈腾 LED 大灯陈述并用铅笔概要写出 LED 大灯的结构功用，同时思考 LED 灯光较白炽灯的优点。

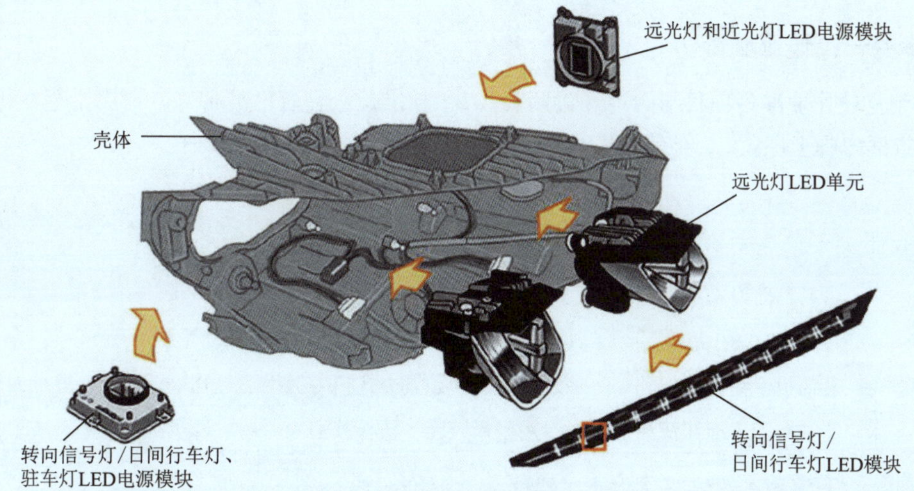

迈腾 LED 大灯

功	用	:																		
特	点	:																		

微组织 3：老师检查纠错，学生改正错误。微评价：☆☆☆☆☆

四、安全教育与防护要求

请说出安全与防护要求，做好防护准备，同时进行自检和互检。若已完成，请用铅笔在方框内打“√”。

☐　工作服穿戴要“四紧”。

☐　严禁佩戴手表等金属首饰。

☐　严禁摆弄与本次任务无关的设备和工具。

☐　严禁嬉戏打闹。

微组织 3：老师检查纠错，学生改正错误。微评价：☆☆☆☆☆

项目实施

任务一 检修前照灯总成

步骤一：作业准备

请详细复述作业准备项目与内容，对照表 4-1-1 核准检查。若已准备好，请用铅笔在相应项目内容后的方框内画上“√”；若有遗漏，请补充后再画上“√”。

表 4-1-1 汽车前照灯拆装作业准备检查表

项 目	内 容
作业场地	带有消防设施的作业场地□
设备设施	迈腾 B8 1.8 T 整车□ 工具车□ 零件车□ 吹气枪□ 垃圾桶□
工量辅具	套筒扳手组合套具□ 一字螺丝刀□ 预置力式扭力扳手□ 开口扳手□ 壁纸刀□
耗材	清洁布□ 泡沫清洁剂□ 专用密封胶□ 防松胶□

微组织 1：老师检查纠错，学生改正错误。微评价：☆☆☆☆☆

步骤二：拆装前照灯

1. 请仔细观看老师示范，结合老师讲解查阅主教材并观看相关视频，将拆装计划用铅笔认真填写在表 4-1-2 中。

表 4-1-2 汽车前照灯拆装计划

工 序	内 容	工量辅具
1		
2		
3		
4		
5		
6		
7		
8		
9		
10		
11		
12		
13		
14		

微组织 2：老师检查纠错，学生改正错误。微评价：☆☆☆☆☆

2．请查阅主教材和维修手册，完善表 4-1-3。

表 4-1-3　前照灯总成安装技术标准

项　　目	标　　准
与车身固定螺栓拧紧力矩	
前照灯总成螺栓拧紧力矩	
安装前需检查________、________等有无损坏，其余按倒序安装即可	
安装完成后需检测大灯总成与________大小，若有________需进行相应调整，全部安装完成后需反复________，以验证灯光是否完好	

微组织 3：老师检查纠错，学生改正错误。微评价：☆☆☆☆☆

3．请根据安装计划实施安装，总结在拆装前照灯时应注意的问题和方法，并回答下列问题。

（1）结合图，将前照灯总成拆装方法用铅笔认真写在图 4-1-1 的横线上。

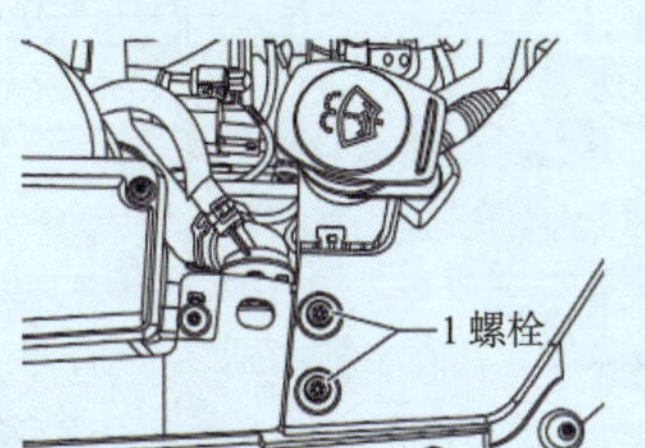

1—保险杠；2—大灯；3、5—标记区域；4—翼子板尖部

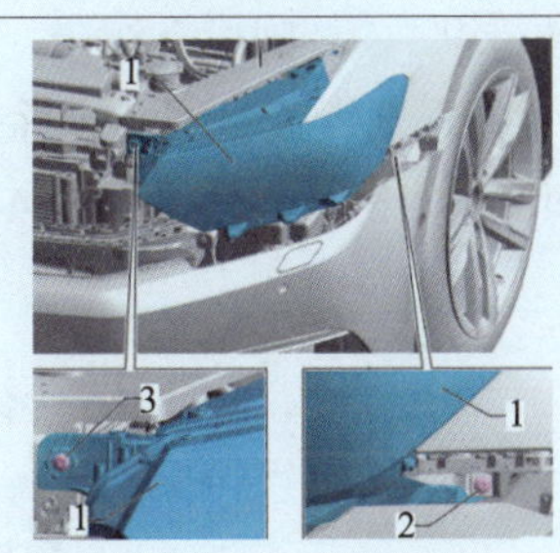

1—电气插头；2、3—螺栓

图 4-1-1　拆装前照灯总成方法

微组织 3：老师检查纠错，学生改正错误。微评价：☆☆☆☆☆

（2）结合图，将前照灯工作方式用铅笔认真写在图 4-1-2 的横线上。

照明方式：

LED 连接及供电方式：

图 4-1-2　前照灯工作方式

微组织 4：老师检查纠错，学生改正错误。微评价：☆☆☆☆☆

（3）在图 4-1-3 下面横线上用铅笔认真写出前照灯总成零件名称。

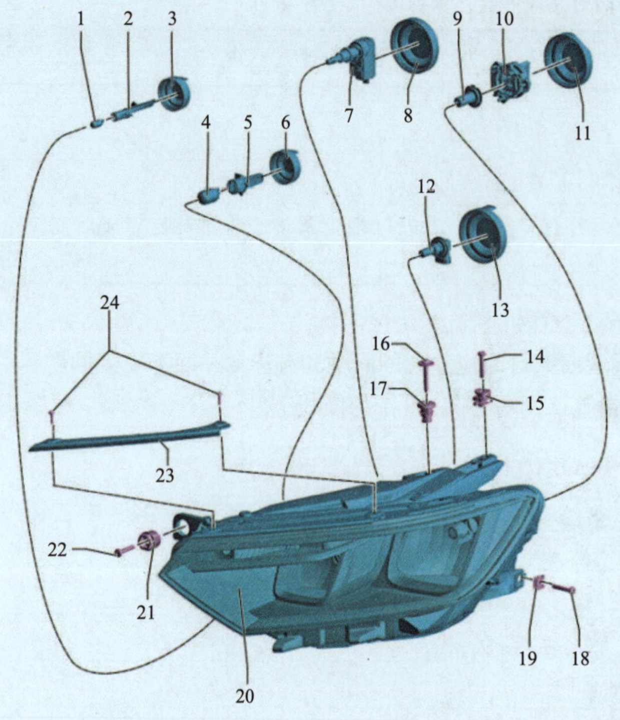

1. ________	2. ________
3. 壳体	4. 前部转向信号
5. 手柄	6. 壳体盖
7. ________	8. ________
9. ________	10. ________
11. 壳体盖	12. ________
13. 壳体盖	14. 螺栓
15. ________	16. 螺栓
17. ________	18. 螺栓
19. ________	20. ________
21. 空心螺栓	22. 螺栓
23. 挡板	24. 螺栓

图 4-1-3　前照灯总成零件

微组织 5：老师检查纠错，学生改正错误。微评价：☆☆☆☆☆

4. 请根据拆装计划实施拆卸，详细总结操作过程中出现的问题，试着分析产生原因，归纳出关键词，用铅笔认真填写在图 4-1-4 中。

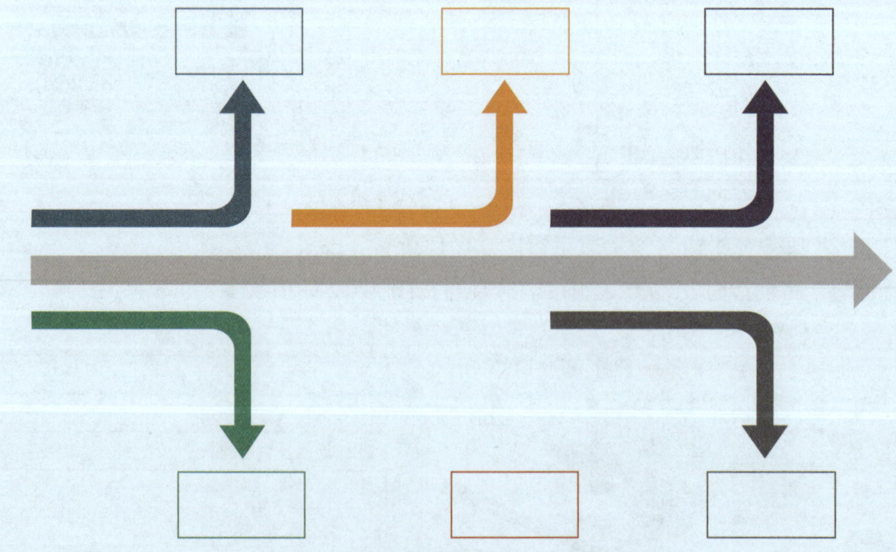

图 4-1-4　操作过程中出现的问题与原因

微组织 5：老师检查纠错，学生改正错误。微评价：☆☆☆☆☆

步骤三：拆卸前雾灯

1. 请仔细观看老师示范，结合老师讲解查阅主教材并观看相关视频，将拆卸计划用铅笔认真填写在表 4-1-4 中。

表 4-1-4 汽车前雾灯拆卸计划

工 序	内 容	工量辅具
1		
2		
3		
4		
5		
6		

微组织 6：老师检查纠错，学生改正错误。微评价：☆☆☆☆☆

2. 请查阅教材和维修手册，完善表 4-1-5。

表 4-1-5 前照灯总成安装技术标准

项 目	标 准
螺栓拧紧力矩	
安装以倒序进行，需进行________，检查大灯________，必要时调整大灯	

微组织 7：老师检查纠错，学生改正错误。微评价：☆☆☆☆☆

3. 请根据安装计划实施安装，总结在拆装前照灯时应注意的问题和方法，并回答下列问题。

（1）结合图，将前照灯总成拆装方法用铅笔认真写在图 4-1-5 的横线上。

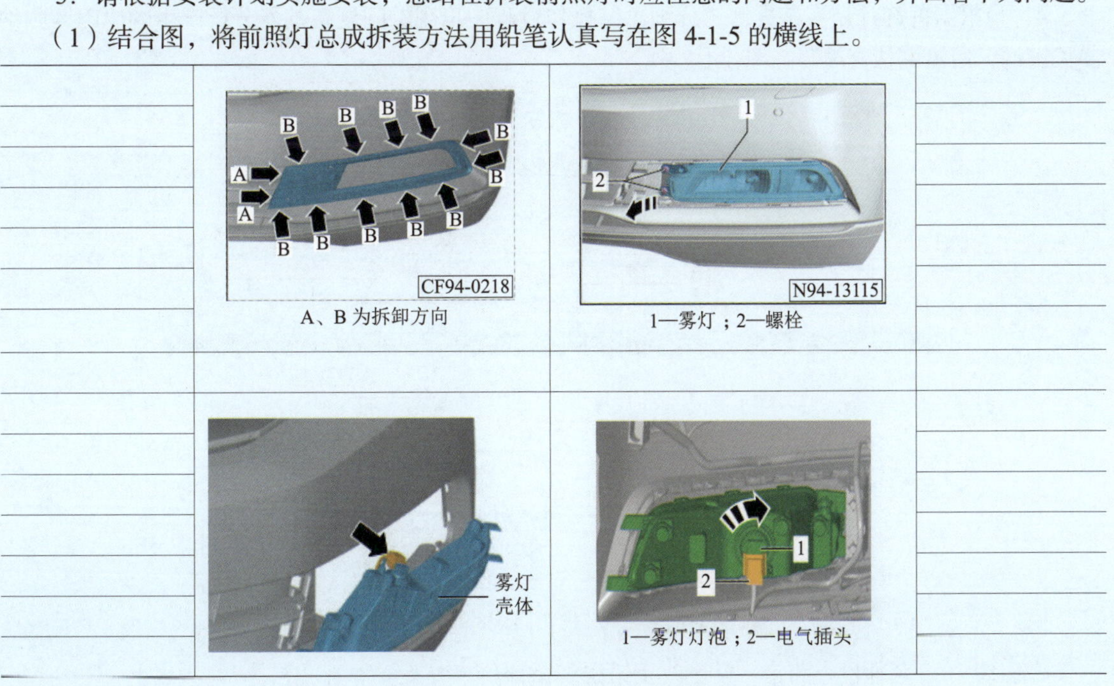

图 4-1-5 拆装前照灯总成方法

微组织 8：老师检查纠错，学生改正错误。微评价：☆☆☆☆☆

（2）在图 4-1-6 下面横线上用铅笔认真写出前照灯总成零件名称。

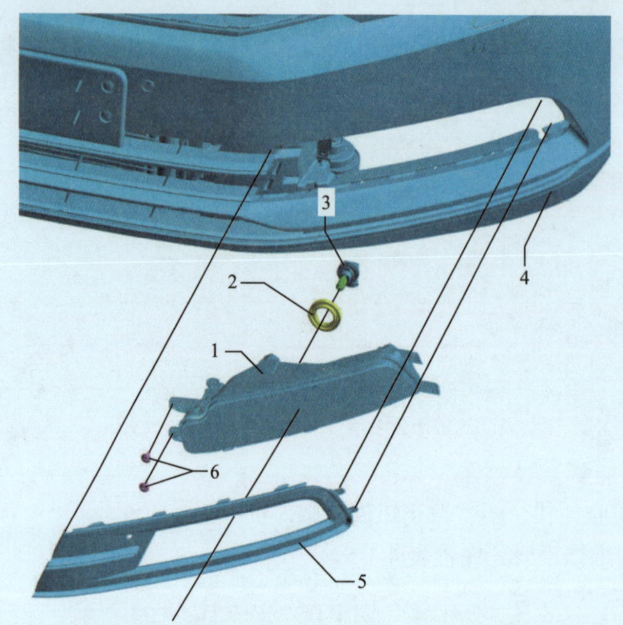

1______________	2______________	3______________
4______________	5______________	6______________

图 4-1-6　前雾灯总成零件

微组织 9：老师检查纠错，学生改正错误。微评价：☆☆☆☆☆

4．请根据拆卸计划实施拆卸，详细总结操作过程中出现的问题，试着分析产生的原因，归纳出关键词，用铅笔认真填写在图 4-1-7 中。

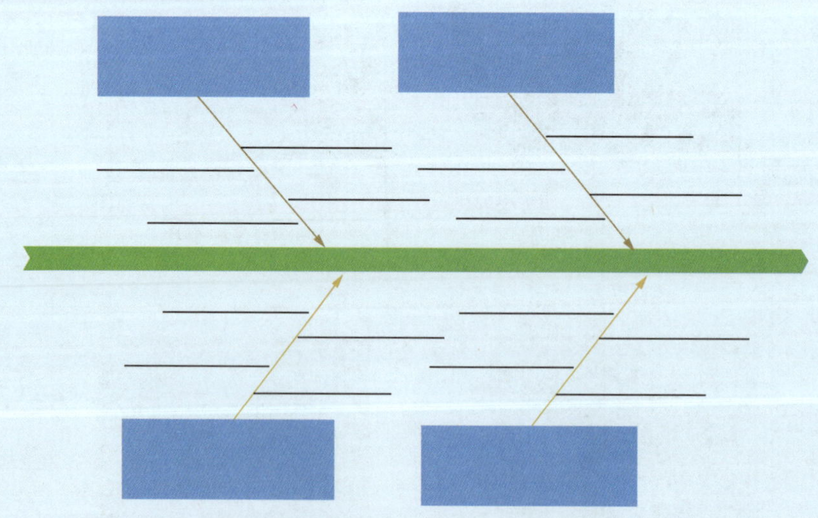

图 4-1-7　操作过程中出现的问题与原因

微组织 10：老师检查纠错，学生改正错误。微评价：☆☆☆☆☆

案例

案例：前照灯灯罩内有水雾

故障现象：车灯内出现肉眼可见的水珠或水雾，如图 4-1-8 所示。

图 4-1-8　车灯内出现水珠或水雾

故障原因：不管什么类型的大灯，在大灯的后盖位置上都会有一个通气橡胶管，这根橡胶管的作用就是用来排出大灯开启之后产生的热，维持大灯正常的工作温度。在大灯点亮一瞬间直到大灯使用过程中，都会产生大量的热量，空气中的水分会通过它进入大灯并附着到灯罩上，随着水汽的聚集形成水珠顺着灯罩流下来。一般这种情况出现在温差比较大的时候，冬季和雨水较多的季节经常出现这种情况。

大灯有雾气、水滴，原因一般有以下几种情况。

1. 温差变化：长时间使用车灯后立即熄灯，很容易造成车灯进雾。

2. 洗车不当：使用高压水枪冲洗汽车车灯容易导致水珠流入通气孔，造成车灯进雾。

3. 涉水过深：水的深度一旦超过车轮，就会从通气孔进入车灯。

4. 雨雪天容易导致大灯进水，进而产生雾气。

故障排除：遇到这种情况，大家大可不必过于担心，车灯在开启一段时间后，雾气会随着热气通过通气管排出灯外，基本不会伤害大灯和电器电路。

首先不可轻举妄动，例如万万不可对大灯进行烘烤，这样做很容易使大灯损坏，因为大灯外表均为塑料材质，额外的热量很容易将灯罩烤化，而这种损伤大多不可修复，维修建议如下：

1. 将汽车停在阳光下或干燥的地方，雾气会随着热气通过通气管排到灯外，不会对大灯和电路造成损伤。

2. 启动汽车发动机，开启前照灯点亮所有功能，这样会加快冷凝消散。

3. 直接驾驶汽车，灯内冷凝消散得更快。

4. 用高压气枪对发动机舱内容易积潮的地方吹一下，加快空气流动带走水分。

5. 如果发现车灯频繁出现水雾，主要是大灯密封圈密封不好。如果为整体式车灯，直接更换即可；如果不是整体式车灯，则需要拆下灯罩重新密封。

任务二 排除远光灯异常故障

步骤一：检查故障车辆

请对照表 4-2-1 所示的维修工单，按照故障车辆实际情况进行填写。

表 4-2-1 汽车维修中心维修工单

来店时间：年 月 日 时					交车时间： 月 日 时				
顾客姓名		车牌号			车型		车辆颜色		
顾客电话		行驶里程			VIN 号				
维修项目									
km 常规保养□ 一般维修□ 事故车□ 洗车□ 其他□									
序号	维修项目	配件	工时	合计	序号	维修项目	配件	工时	合计
1					8				
2					9				
3					10				
4					11				
5					12				
6					13				
7					合计：				
故障描述及诊断结果									

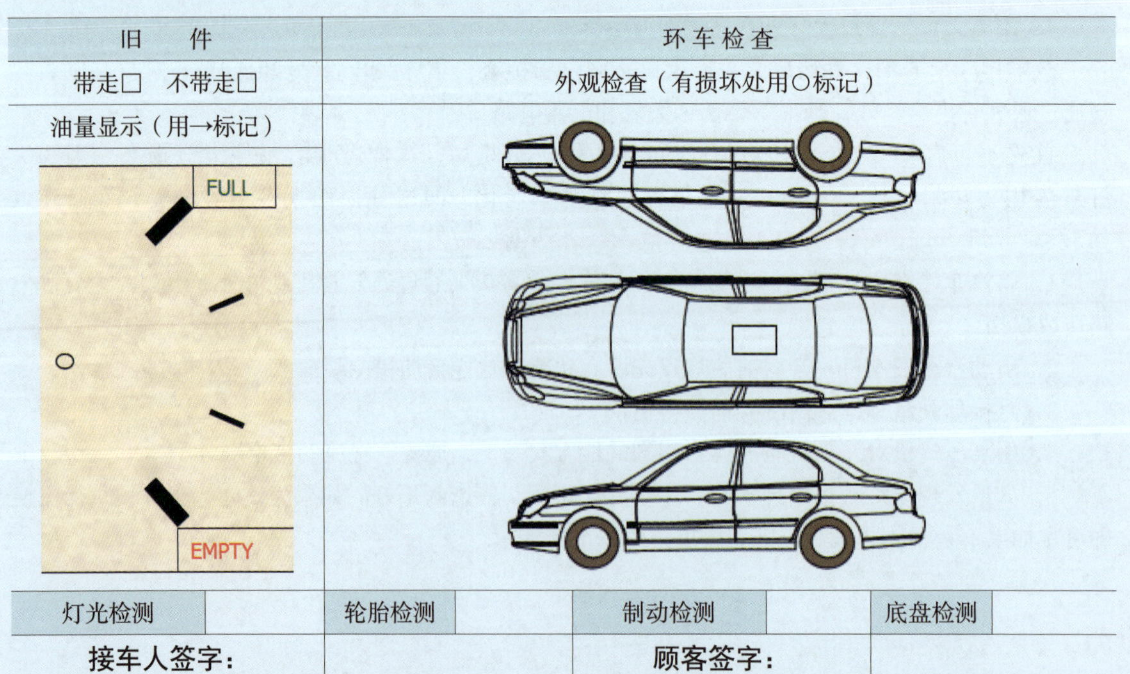

旧件	环车检查
带走□ 不带走□	外观检查（有损坏处用○标记）
油量显示（用→标记）	

灯光检测		轮胎检测		制动检测		底盘检测	
接车人签字：				顾客签字：			

微组织 1：老师检查纠错，学生改正错误。微评价：☆☆☆☆☆

步骤二：作业准备

请详细复述作业准备项目与内容，对照表 4-2-2 核准检查。若已准备好，请用铅笔在相应项目内容后的方框内画上“√”；若有遗漏，请补充后再画上“√”。

表 4-2-2　排除远光灯异常故障作业准备检查表

项　目	内　容
作业场地	带有消防设施的作业场地□
设备设施	整车□　工具车□　零件车□　吹气枪□　垃圾桶□
工量辅具	套筒扳手组合套具□　预置力式扭力扳手□　万用表□　示波器□　试电灯□　汽车测试线□　故障诊断仪□　翼子板防护三件套□　汽车测试线□　示波器□　灯光测试仪□
耗材	清洁布□　泡沫清洁剂□

微组织 2：老师检查纠错，学生改正错误。微评价：☆☆☆☆☆

步骤三：确认故障现象

1．请结合维修手册、老师讲解查阅主教材并观看相关视频认真分析迈腾 B8 1.8 T 远光灯结构及组成，将远光灯结构及组成用铅笔认真填写入表 4-2-3 中。

表 4-2-3　迈腾 B8 1.8 T 远光灯机构及组成

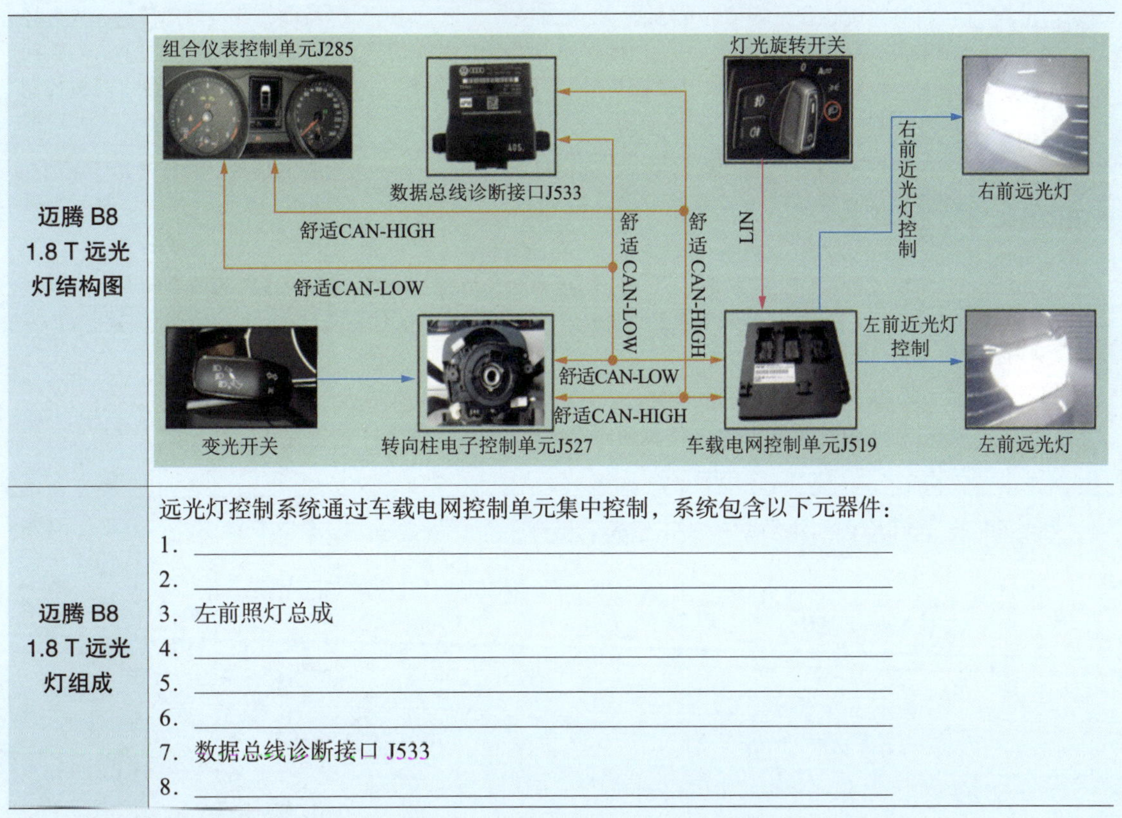

迈腾 B8 1.8 T 远光灯结构图	（见上图）
迈腾 B8 1.8 T 远光灯组成	远光灯控制系统通过车载电网控制单元集中控制，系统包含以下元器件： 1．________ 2．________ 3．左前照灯总成 4．________ 5．________ 6．________ 7．数据总线诊断接口 J533 8．________

微组织 3：老师检查纠错，学生改正错误。微评价：☆☆☆☆☆

2. 请结合维修手册、老师讲解查阅主教材并观看相关视频，认真分析迈腾 B8 远光灯控制原理，将分析所得的远光灯控制原理用铅笔认真填写入表 4-2-4 中。

表 4-2-4　迈腾 B8 远光灯控制原理

迈腾远光灯电路图	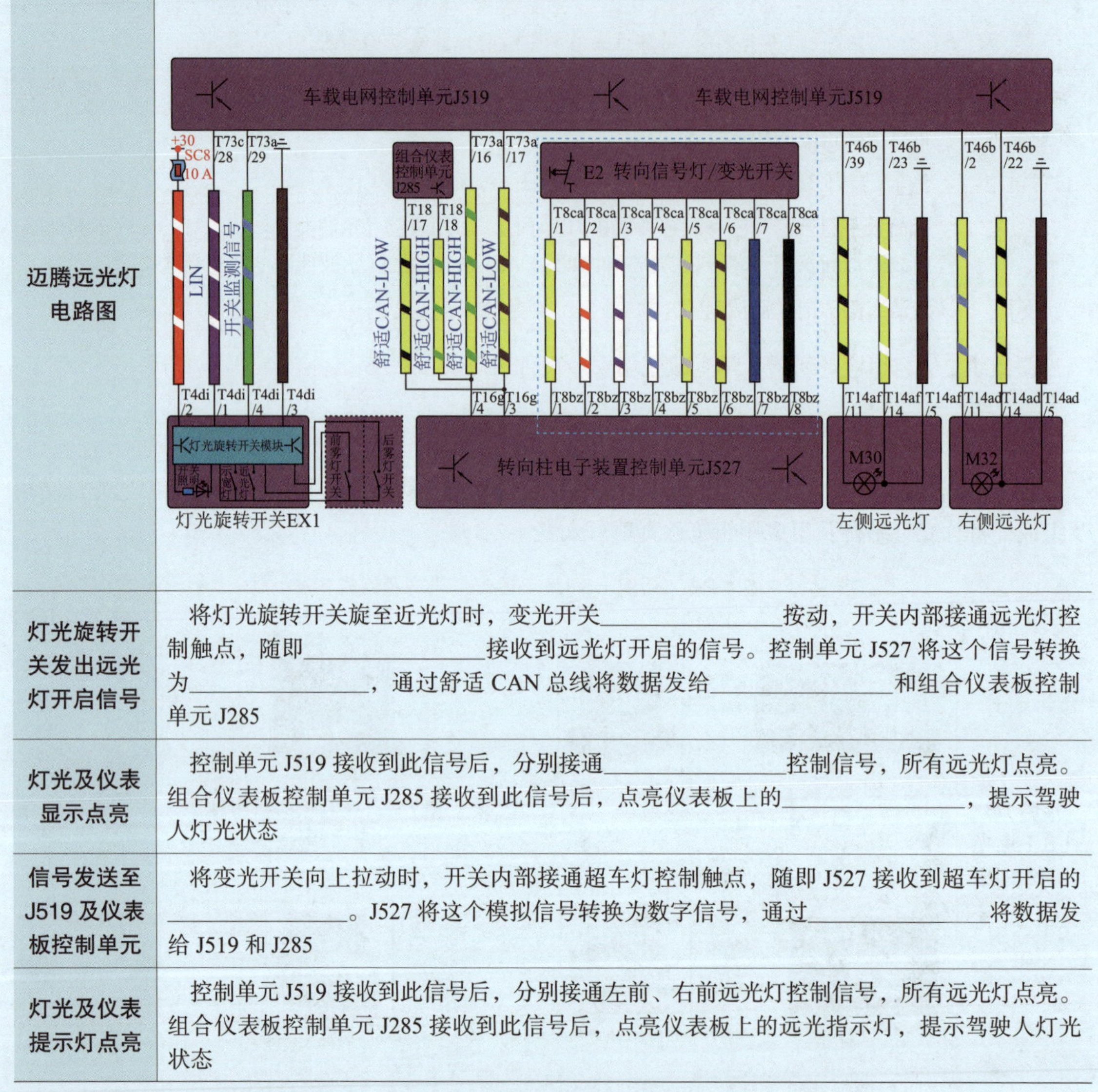
灯光旋转开关发出远光灯开启信号	将灯光旋转开关旋至近光灯时，变光开关____________按动，开关内部接通远光灯控制触点，随即____________接收到远光灯开启的信号。控制单元 J527 将这个信号转换为____________，通过舒适 CAN 总线将数据发给____________和组合仪表板控制单元 J285
灯光及仪表显示点亮	控制单元 J519 接收到此信号后，分别接通____________控制信号，所有远光灯点亮。组合仪表板控制单元 J285 接收到此信号后，点亮仪表板上的____________，提示驾驶人灯光状态
信号发送至 J519 及仪表板控制单元	将变光开关向上拉动时，开关内部接通超车灯控制触点，随即 J527 接收到超车灯开启的____________。J527 将这个模拟信号转换为数字信号，通过____________将数据发给 J519 和 J285
灯光及仪表提示灯点亮	控制单元 J519 接收到此信号后，分别接通左前、右前远光灯控制信号，所有远光灯点亮。组合仪表板控制单元 J285 接收到此信号后，点亮仪表板上的远光指示灯，提示驾驶人灯光状态

微组织 4：老师检查纠错，学生改正错误。微评价：☆☆☆☆☆

3．请结合迈腾 B8 1.8 T 转向、危险警告灯控制原理、维修手册、老师讲解查阅主教材并观看相关视频，根据提示观察仪表板显示并将分析内容用铅笔认真填写在表 4-2-5 中。

表 4-2-5　远光灯故障确认

操　　作	结　　果	故障可能原因
向上拉动变光开关至超车挡，观察前照灯左 / 右远光灯点亮、仪表板上远光指示灯	正常	变光开关内远光开关触点及线路故障
	异常（与正常显示不用即为异常） 仪表正常显示	1．________________。 2．转向柱电子装置控制单元 J527 电源、线路。 3．________________。 4．________________。 5．________________。 6．________________。 7．仪表板及仪表板内部远光指示灯。 8．数据总线
将点火开关置于 ON 位置，观察仪表板显示	仪表板显示异常	需要结合电路图、维修手册先排除仪表板显示异常的故障
旋转灯光开关至近光灯位置，观察前部左 / 右近光灯	异常	1．________________ 2．________________ 3．________________ 4．左 / 右近光灯 LED 5．________________ 6．数据总线
拨动变光开关，观察前部左 / 右远光灯；观察仪表板远光指示灯	正常	检查外部灯光
	显示异常	1．________________ 2．________________ 3．________________ 4．________________ 5．左 / 右远光灯 LED 6．左 / 右远光灯搭铁以及线路 7．________________ 8．数据总线
观察仪表板灯光系统故障提示	有提示	按照提示维修

微组织 5：老师检查纠错，学生改正错误。微评价：☆☆☆☆☆

4. 请结合维修手册、老师讲解查阅主教材并观看相关视频认真分析迈腾 B8 1.8 T 远光灯开关，将远光灯开关工作原理用铅笔认真填写入图 4-2-1 中。

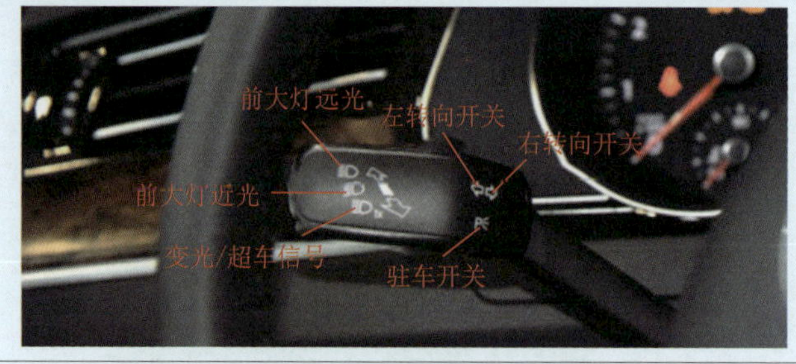

图 4-2-1　迈腾 B8 1.8 T 远光灯开关

微组织 6：老师检查纠错，学生改正错误。微评价：☆☆☆☆☆

步骤四：远光灯控制电路的检查

1. 结合迈腾 B8 1.8 T 远光灯控制原理图 4-2-2，分析远光灯控制线路可能出现的故障，并在下面方框中用铅笔认真写出。

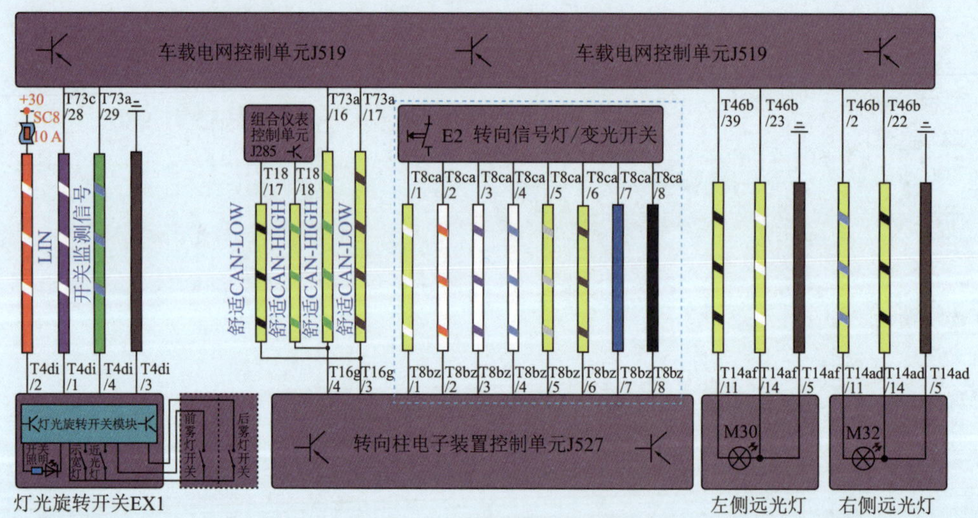

图 4-2-2　远光灯控制原理图

从迈腾 B8 1.8 T 远光灯控制原理图可以看出，系统为了更好地监测和控制左、右侧灯光的开启和关闭，左、右侧远光灯电源均由车载电网控制单元 J519 提供并控制，左侧远光灯 M30 的工作由 J519 通过其 T46b/39 端子至左侧远光灯 T10az/8 之间的电路给左侧远光灯 M30 提供电源，再通过左侧远光灯的 T10az/5 端子搭铁构成回路。点亮左侧远光灯 M30 由此转向灯控制电路常见故障如下：

微组织 7：老师检查纠错，学生改正错误。微评价：☆☆☆☆☆

2. 请仔细观看老师示范，结合老师讲解查阅主教材并观看相关视频，将检查计划用铅笔认真填写在表 4-2-6 中。

表 4-2-6　远光灯控制线路检查计划

工　序	内　容	工量辅具
1		
2		
3		
4		
5		
6		
7		

微组织 8：老师检查纠错，学生改正错误。微评价：☆☆☆☆☆

3. 请结合迈腾 B8 1.8 T 远光灯电路图、维修手册、老师讲解、查阅教材和观看相关视频，将远光灯无故障码排故流程用铅笔认真填写在图 4-2-3 中。

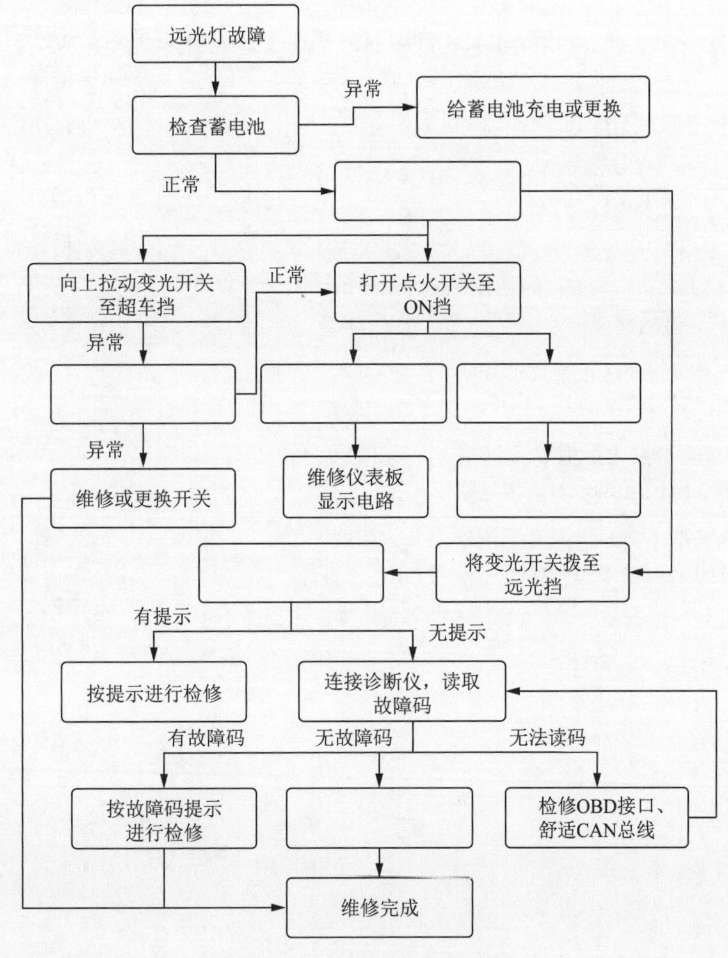

图 4-2-3　远光灯排故流程图

微组织 9：老师检查纠错，学生改正错误。微评价：☆☆☆☆☆

4．请依据低压电路检修原则，结合制订的检查计划进行检查，并用铅笔将检查结果填入表 4-2-7，同时给出维修建议。

表 4-2-7　远光灯控制电路检查结果

1．测试标准：打开点火开关，将灯光旋转开关 E1 转至近光灯位置，将远光开关向下按至远光灯位置，测量左侧远光灯 T14af/11 端子对搭铁电压，测试值应为 +B

可能	实测结果	状态	操作
1		正常	
2		异常	
3		异常	

2．测试标准：打开点火开关将灯光旋转开关 E1 转至近光灯位置，将远光开关向下按至远光灯位置，测量 J519 的 T46b/39 端子对搭铁电压，测试值应为 +B

可能	实测结果	状态	可能原因	操作
1		正常		
2		异常	J519 故障（局部）	
3		异常	J519 局部故障	

3．测试标准：关闭点火开关，拔下左侧远光灯和 J519 插接器，导线端对端电阻应小于 2 Ω

可能	实测结果	状态	可能原因	操作
1	小于 2 Ω		线束插接器故障	检修插接器
2	无穷大			检修线路
3	大于 2 Ω			

4．测试标准：关闭点火开关，断开左侧远光灯 T14af 与控制单元 J519 的 T46b 插接件，测试结果应符合要求。注意：需先确认以上模块与元件之间连接线路无断路或电阻过大故障

可能	测试部位	实测结果	状态	可能原因	操作
1	测量左侧远光灯 T14af 插接件端的 T14af/11 端子对搭铁电阻	无穷大			
		小于 2 Ω			
2	连接 J519 的 T46b 插接件，测量左侧远光灯的 T14af/14 端子对搭接电阻	大阻值			
		小于 2 Ω			
3	连接左侧远光灯 T14af 插接件，测量左侧远光灯的 T14af/5 端子对搭铁电阻	大阻值			更换 J519
		小于 2 Ω			更换总成

5．测试标准：在任何工况条件下，T14af/5 端子对搭铁电压均应小于 0.1 V

可能	实测结果	状态	可能原因	操作
1	0	正常		
2	0.1 → +B	异常		检修线路
3	+B	异常		检修线路

6．测试标准：

可能	实测结果	状态	可能原因	操作
1				
2				
3				

微组织 10：老师检查纠错，学生改正错误。微评价：☆☆☆☆☆

5．请结合排故过程中对远光灯控制原理的认识，查阅主教材及相关资料，回答下列问题。

（1）指出 2018 款迈腾 1.8T 轿车远光灯单元的结构名称，请使用铅笔认真在图 4-2-4 中标出。

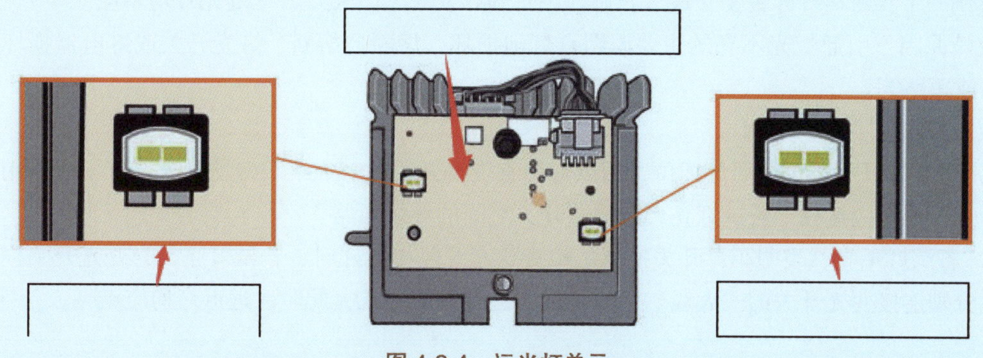

图 4-2-4　远光灯单元

微组织 11：老师检查纠错，学生改正错误。微评价：☆☆☆☆☆

（2）结合远光灯控制原理及检测结果，将远光灯单元电路连接方式用铅笔认真填写在图 4-2-5 下面的方框中。

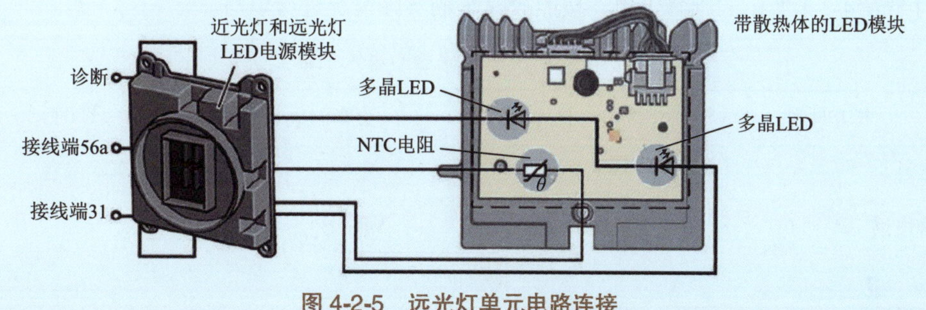

图 4-2-5　远光灯单元电路连接

微组织 12：老师检查纠错，学生改正错误。微评价：☆☆☆☆☆

6．请根据检修计划实施检修，详细总结操作过程中出现的问题，试着分析产生的原因，归纳出关键词，用铅笔认真填写在图 4-2-6 中。

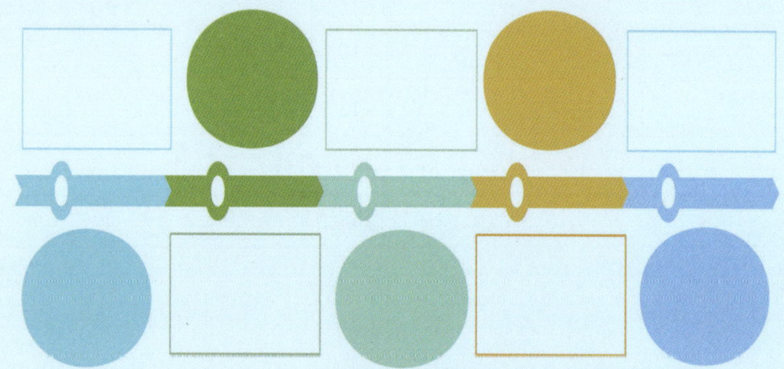

图 4-2-6　检修过程中出现的问题与原因

微组织 13：老师检查纠错，学生改正错误。微评价：☆☆☆☆☆

案例

案例一：接通车灯开关至 2 或 3 挡时，小灯和仪表正常，大灯、远近光灯均不亮。

故障原因：引起灯光不亮的主要原因有灯泡损坏、熔断器熔断、灯光开关或继电器损坏及线路断路或短路等。

故障排除：

1. 将车灯开关接至前照灯挡位，用试灯检查变光开关的“火线”接柱。若试灯不亮，用试灯检查车灯开关相应接柱；若试灯亮，表明两开关之间的导线断路。

2. 若试灯不亮，表明车灯开关损坏。检查变光开关接线柱时，若试灯亮，为变光开关损坏。用导线分别连接变光开关的“火线”接柱与远、近光灯线接柱，此时，远近灯均应点亮。

任务三　排除近光灯异常故障

步骤一：检查故障车辆

请对照表 4-3-1 所示的维修工单，按照故障车辆实际情况进行填写。

表 4-3-1　汽车维修中心维修工单

来店时间：　年　月　日　时　　交车时间：　月　日　时

顾客姓名		车牌号		车型		车辆颜色	
顾客电话		行驶里程		VIN 号			
维修项目							

km 常规保养□　一般维修□　事故车□　洗车□　其他□

序号	维修项目	配件	工时	合计	序号	维修项目	配件	工时	合计
1					8				
2					9				
3					10				
4					11				
5					12				
6					13				
7					合计：				
故障描述及诊断结果									

续表

旧　　件		环 车 检 查					
带走□　不带走□		外观检查（有损坏处用○标记）					
油量显示（用→标记）		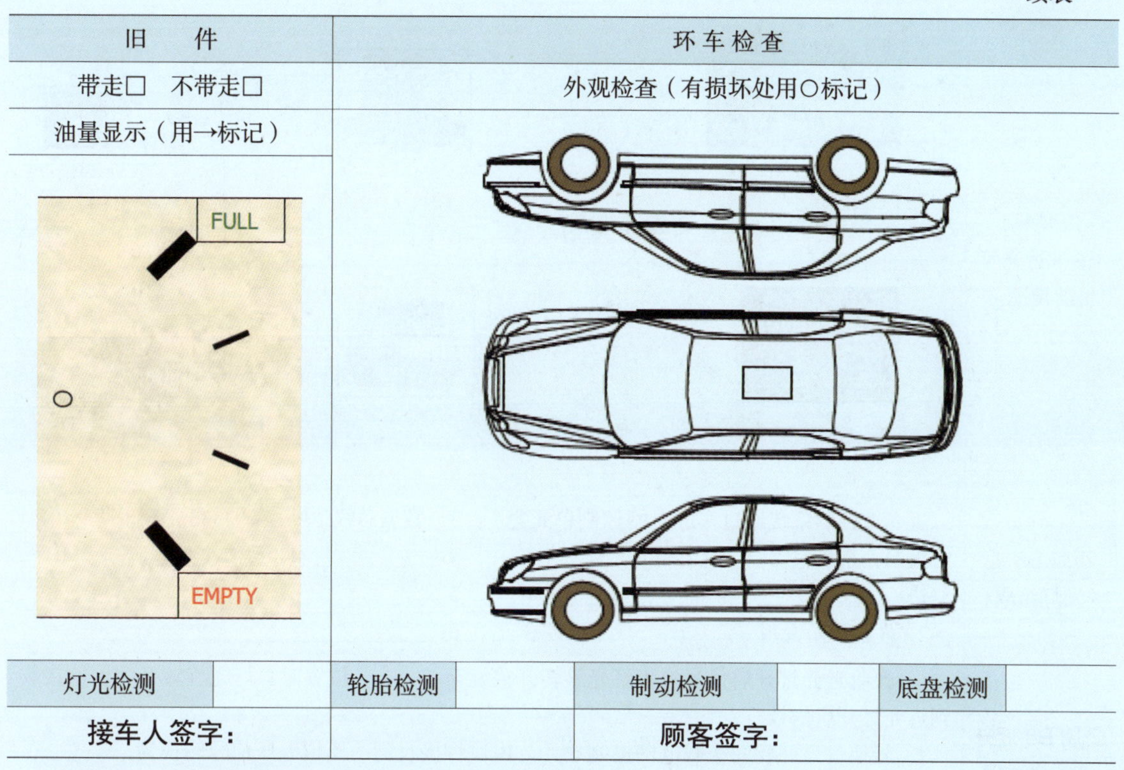					
灯光检测		轮胎检测		制动检测		底盘检测	
接车人签字：				**顾客签字：**			

微组织 1：老师检查纠错，学生改正错误。微评价：☆☆☆☆☆

步骤二：作业准备

请详细复述作业准备项目与内容，对照表 4-3-2 核准检查。若已准备好，请用铅笔在相应项目内容后的方框内画上“√”；若有遗漏，请补充后再画上“√”。

表 4-3-2　排除近光灯异常故障作业准备检查表

项　　目	内　　容
作业场地	带有消防设施的作业场地□
设备设施	整车□　工具车□　零件车□　吹气枪□　垃圾桶□
工量辅具	套筒扳手组合套具□　预置力式扭力扳手□　万用表□　示波器□　试电灯□　汽车测试线□　故障诊断仪□　翼子板防护三件套□　汽车测试线□　示波器□　灯光测试仪□
耗材	清洁布□　泡沫清洁剂□

微组织 2：老师检查纠错，学生改正错误。微评价：☆☆☆☆☆

步骤三：确认故障现象

1. 请结合维修手册、老师讲解查阅主教材并观看相关视频，认真分析迈腾 B8 1.8 T 近光灯结构及组成，用铅笔认真填写入表 4-3-3 中。

表 4-3-3　迈腾 B8 1.8 T 近光灯机构及组成

<table>
<tr><td>迈腾 B8
1.8 T 近光灯
结构图</td><td colspan="2">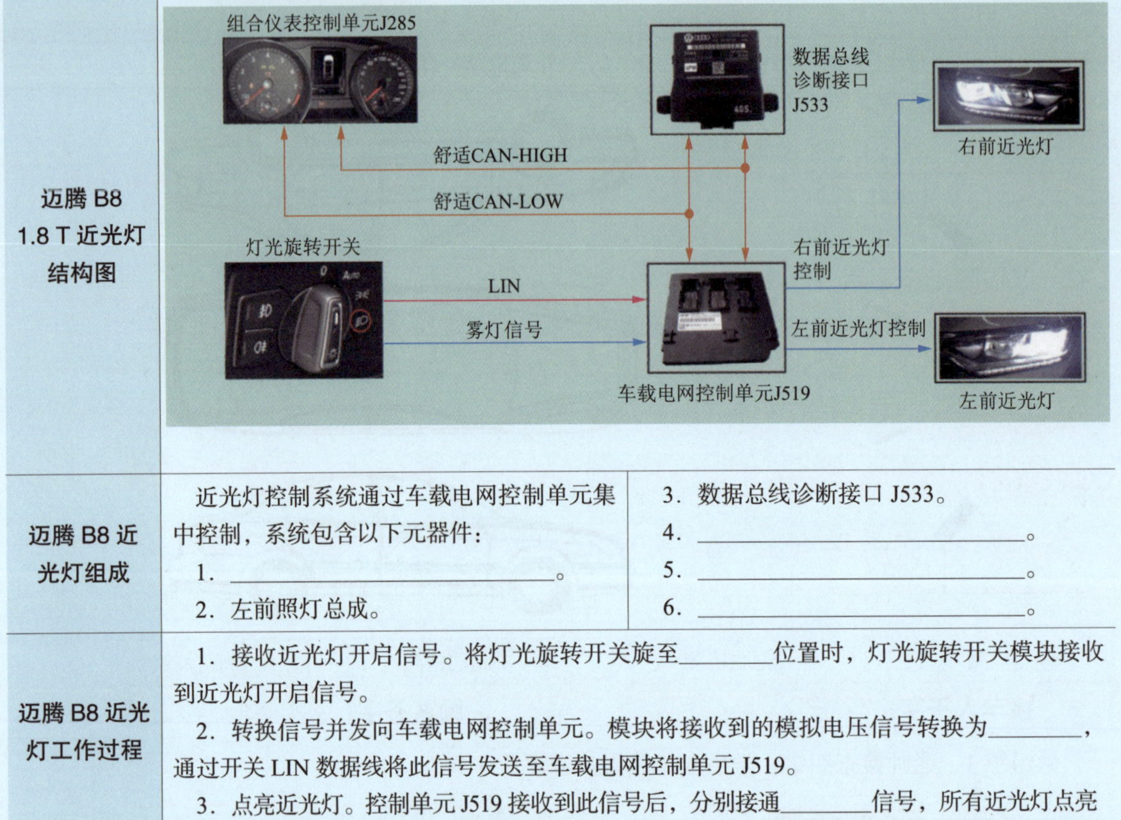</td></tr>
<tr><td>迈腾 B8 近
光灯组成</td><td>近光灯控制系统通过车载电网控制单元集中控制，系统包含以下元器件：
1. ________________。
2. 左前照灯总成。</td><td>3. 数据总线诊断接口 J533。
4. ________________。
5. ________________。
6. ________________。</td></tr>
<tr><td>迈腾 B8 近光
灯工作过程</td><td colspan="2">1. 接收近光灯开启信号。将灯光旋转开关旋至________位置时，灯光旋转开关模块接收到近光灯开启信号。
2. 转换信号并发向车载电网控制单元。模块将接收到的模拟电压信号转换为________，通过开关 LIN 数据线将此信号发送至车载电网控制单元 J519。
3. 点亮近光灯。控制单元 J519 接收到此信号后，分别接通________信号，所有近光灯点亮</td></tr>
</table>

微组织 3：老师检查纠错，学生改正错误。微评价：☆☆☆☆☆

2. 请结合迈腾 B8 1.8 T 转向、危险警告灯控制原理、维修手册、老师讲解查阅主教材并观看相关视频，根据提示观察仪表板显示并将分析内容用铅笔认真填写在表 4-3-4 中。

表 4-3-4　近光灯故障确认

<table>
<tr><th>操　作</th><th>结　果</th><th>故障可能原因</th></tr>
<tr><td>将点火开关置于 ON 位置，观察仪表板显示</td><td>异常</td><td>排除仪表板显示异常故障</td></tr>
<tr><td>打开点火开关至 ON 挡，观察前照灯，观察仪表板</td><td>前照灯亮起</td><td>说明车载电网控制单元 J519 在自检过程中没有接收到灯光旋转开关模块的信息，所以将会采取保护措施点亮近光灯。这就需要对灯光旋转开关模块的电源、开关、LIN 总线以及插接件进行检测和检查</td></tr>
<tr><td rowspan="2">旋转灯光开关至近光灯位置，观察前部左、右近光灯</td><td>左、右近光灯全部显示异常</td><td>1. ________________。
2. ________________。</td></tr>
<tr><td>只是某一侧近光灯显示异常</td><td>1. 车载电网控制单元 J519 某前近光灯控制故障。
2. ________________。
3. 某前照灯中 LED 故障。
4. ________________。
5. 插接件故障</td></tr>
</table>

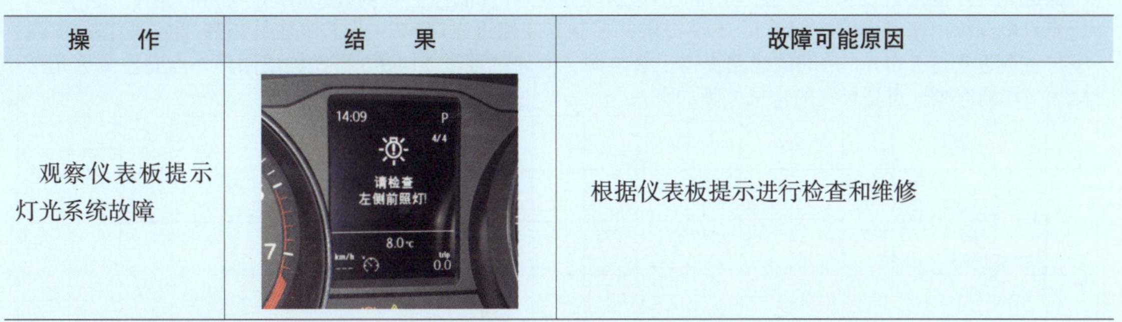

续表

操　　作	结　　果	故障可能原因
观察仪表板提示灯光系统故障	14:09 P 4/4 请检查 左侧前照灯! 8.0 ℃ km/h trip 0.0	根据仪表板提示进行检查和维修

微组织 4：老师检查纠错，学生改正错误。微评价：☆☆☆☆☆

3. 请查阅维修手册、教材和观看视频，在图 4-3-1 下面横线上用铅笔认真写出车载电网控制单元 J519 及 73 芯插头连接 T73c 并说明其安装位置。

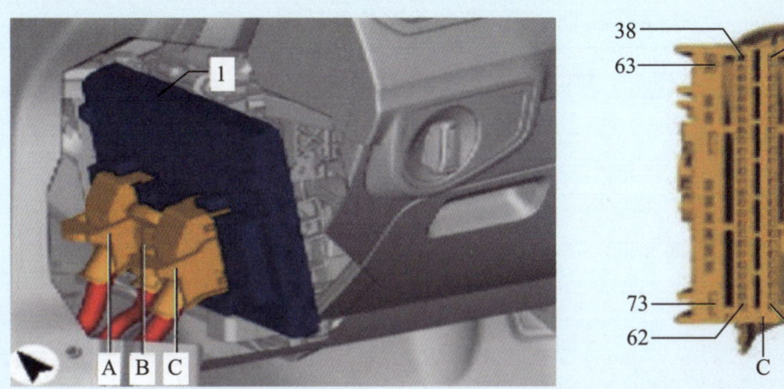

图 4-3-1　车载电网控制单元 J519 及 73 芯插头连接 T73c

1＿＿＿＿＿＿＿＿ A＿＿＿＿＿＿＿＿ B＿＿＿＿＿＿＿＿ C＿＿＿＿＿＿＿＿

安装位置：＿＿＿＿＿＿＿＿＿＿＿＿＿＿＿＿＿＿＿＿＿＿＿＿

微组织 5：老师检查纠错，学生改正错误。微评价：☆☆☆☆☆

步骤四：检查近光灯控制电路

1. 结合迈腾 B8 1.8 T 近光灯控制原理图 4-3-2，分析近光灯控制线路的故障可能，在下面方框中用铅笔认真写出故障可能。

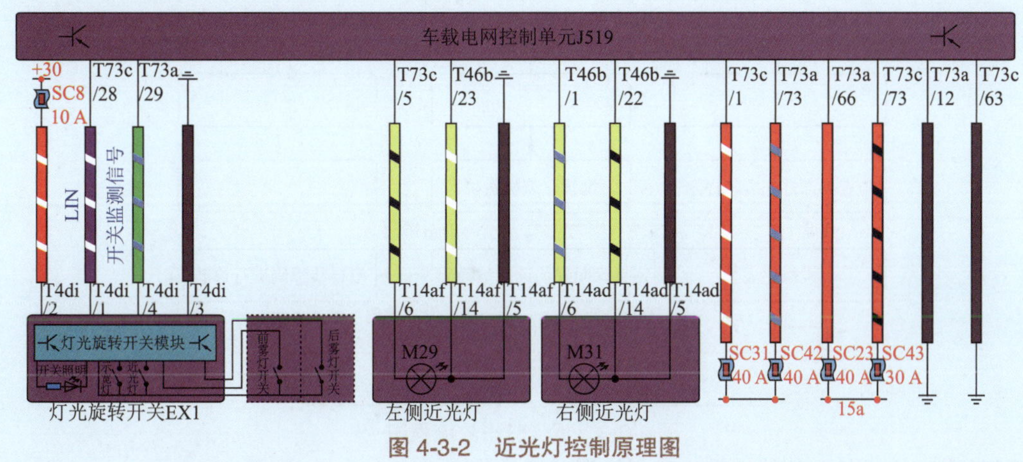

图 4-3-2　近光灯控制原理图

从近光灯控制原理图可以看出，系统为了更好地监测和控制左、右侧近光灯的开启和关闭，左、右侧近光灯电源均由车载电网控制单元 J519 提供并控制，左侧近光灯 M29 的工作是由 J519 通过其 T73c/5 端子与左侧近光灯 T14af/6 之间的线路提供正极电源，再通过端子 T14af/5 搭铁构成回路，点亮左侧近光灯 M29。左侧近光灯点亮异常的常见故障如下：

微组织 6：老师检查纠错，学生改正错误。微评价：☆☆☆☆☆

2．请仔细观看老师示范，结合老师讲解查阅主教材并观看相关视频，将检查计划用铅笔认真填写在表 4-3-5 中。

表 4-3-5　近光灯控制线路检查计划

工　序	内　容	工量辅具
1		
2		
3		
4		
5		
6		
7		

微组织 7：老师检查纠错，学生改正错误。微评价：☆☆☆☆☆

3．请结合迈腾 B8 1.8 T 近光灯电路图、维修手册、老师讲解查阅主教材并观看相关视频，将近光灯无故障码排故流程用铅笔认真填写在图 4-3-3 中。

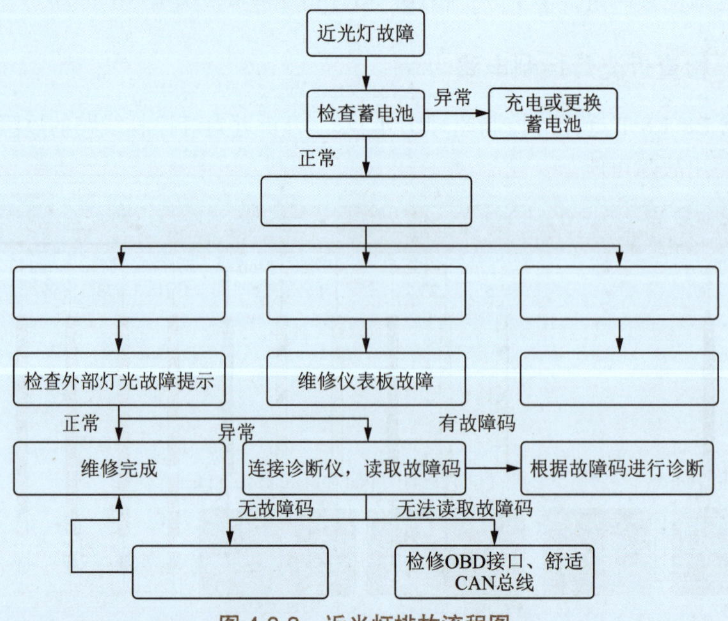

图 4-3-3　近光灯排故流程图

微组织 8：老师检查纠错，学生改正错误。微评价：☆☆☆☆☆

4．请依据低压电路检修原则，结合制订的检查计划进行检查，并用铅笔将检查结果填入表 4-3-6，同时给出维修建议。

表 4-3-6　近光灯控制电路检查结果

1．测试标准：打开点火开关，将灯光旋转开关 E1 能转至近光灯位置，测量左侧近光灯 T14af/6 端子对搭铁电压，测试值应从 0 切换到 +B

可能	实测结果	状态	操作
1	+B		
2	0		
3	0.1 → +B		

2．测试标准：打开点火开关，将灯光旋转开关 E1 旋转至近光灯位置，测量 J519 的 T73c/5 端子对搭铁电压，测试值应为 +B

可能	实测结果	状态	可能原因	操作
1	+B			
2	0			
3	0.1 → +B			

3．测试标准：关闭点火开关，拔下左侧近光灯和 J519 插接器，导线端对端电阻应小于 2 Ω

可能	实测结果	状态	可能原因	操作
1	小于 2 Ω			
2	无穷大			
3	大于 2 Ω			

4．测试标准：关闭点火开关，断开右侧近光灯 T14ad 与控制单元 J519 的 T46b 插接件，测量 T14ad/6 端子以及线路对搭铁电阻，测试结果应为无穷大。

注意：需先确认以上模块与元件之间连接线路无断路或电阻过大故障

可能	测试部位	实测结果	状态	可能原因	操作
1	测量 T14ad 插接件端的 T14af/6 端子对搭铁电阻		正常		
			异常		
2	连接 T14ad 插接件，测量 T14ad 插接件端 T14af/6 端子对搭铁电阻		正常		
			异常		
3	连接 T46b 插接件，测量 T14ad 插接件端 T14af/6 端子对搭铁电阻		正常		更换 J519
			异常		更换总成

5．测试标准：在任何工况条件下，T14af/5 端子对搭铁电压均应小于 0.1 V

可能	实测结果	状态	可能原因	操作
1		正常		
2		异常		
3		异常		

微组织 9：老师检查纠错，学生改正错误。微评价：☆☆☆☆☆

5．请根据检修计划实施检修，详细总结操作过程中出现的问题，试着分析产生的原因，归纳出关键词，用铅笔认真填写在图 4-3-4 中。

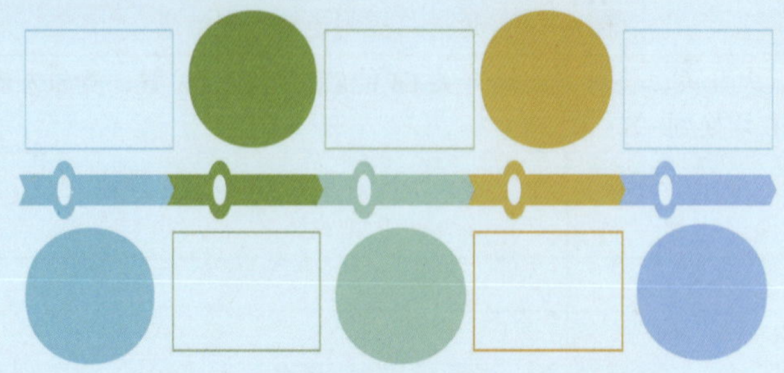

图 4-3-4　检修过程中出现的问题与原因

微组织 10：老师检查纠错，学生改正错误。微评价：☆☆☆☆☆

案例

案例一：一辆 2018 款 B8 1.8 T 大众迈腾汽车打开点火开关，灯光开关处于 OFF 挡时，所有小灯和左前近光灯异常点亮；操作灯光开关至其他挡位时，所有小灯和左前近光灯异常点亮；操作变光开关，远光灯可以正常开和关。

故障分析：

结合电路图对故障现象进行分析，根据大众迈腾维修手册画出相关电路图，如图 4-3-5 所示。

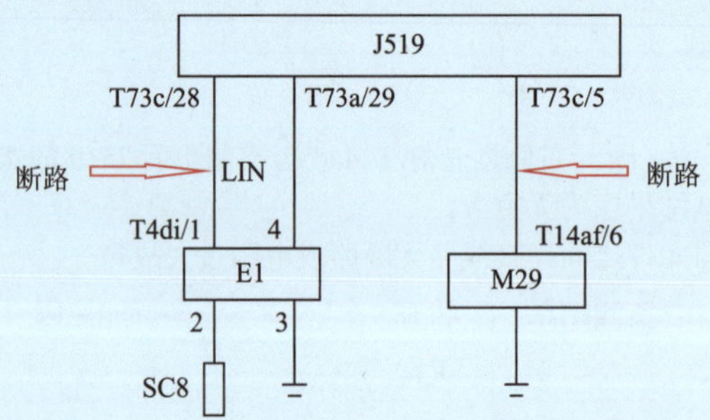

图 4-3-5　迈腾 2018 款灯光开关控制电路图

诊断流程：

1．检查车灯开关 E1 的供电、搭铁：

（1）供电 T4di/2: +B（正常）;（2）搭铁 T4di/3:0 V（正常）。

2．测量车灯开关 E1 的 LIN 线（T4di/1）信号波形，如图 4-3-6 所示。

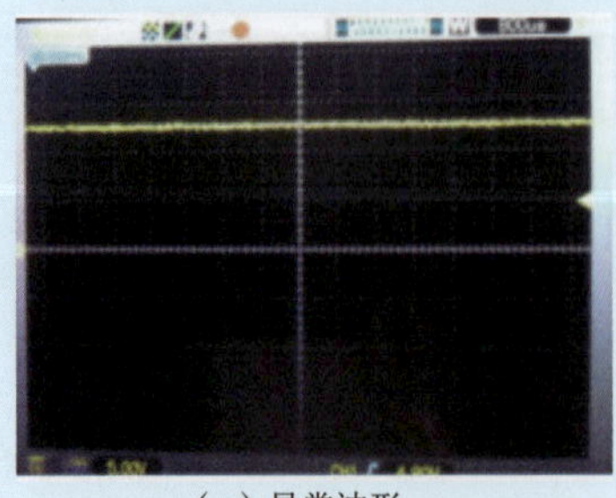

（a）异常波形

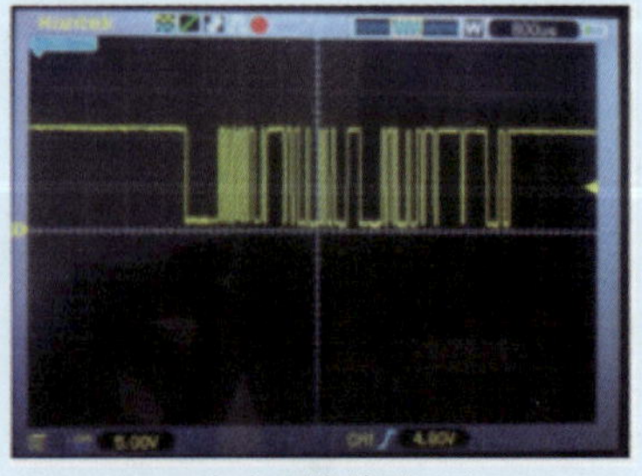

（b）正常波形

图 4-3-6　LIN 线 T4di/1 对负极波形

LIN 线（T4di/1）信号波形异常时故障可能为：

（1）J519 到车灯开关 E1 之间 LIN 线对正短路。

（2）J519 到车灯开关 E1 之间 LIN 线断路（断路后 E1 会持续发出蓄电池电压）。

恢复 J519 至车灯开关 E1 之间的 LIN 线后，清除故障代码，灯光应急消失，车灯开光 E1 可以正常控制所有灯光，但在近光挡时，左前近光灯不亮，其余正常。

在 J519 中使用执行元件诊断功能：左前近光灯状态：关闭（异常）；正常时：关闭打开，通过测量，说明 M29 未点亮。

检查左前近光灯 M29 的供电、搭铁：

打开点火开关，车灯开关 E1 至近光挡，检查 M29 供电（T14af/6）：0 V（异常）。由于迈腾灯光系统控制模块对很多灯泡都有热监控的功能，如果灯泡不能正常工作时，控制模块不会持续输出电压给灯泡，因此在测量带有热监控的灯泡时，应该先连接好测试设备，再开启相关的控制开关进行测试，否则会影响测试结果。

左前近光灯 M29 的供电、搭铁异常时故障可能为：

（1）J519 到 M29 之间线路断路；（2）J519 到 M29 之间对地短路。

① 检查 J519 端 M29 供电（T73c/5）。

② 端子 T73c/5 对地电压：+B（正常）；根据测试结果，说明 J519 的 T73c/5 端子至 M29 的 T14af/6 端子之间的线路断路。

故障结果：

J519 的 T73c/28 端子至车灯开关 E1 的 T4di/1 之间线路断路。J519 的 T73c/5 端子至 M29 的 T14af/6 端子之间的线路断路。

任务四　排除示宽灯故障

步骤一：检查故障车辆

请对照表 4-4-1 所示的维修工单，按照故障车辆实际情况进行填写。

表 4-4-1　汽车维修中心维修工单

来店时间：　　年　　月　　日　　时					交车时间：　　月　　日　　时				
顾客姓名			车牌号		车型			车辆颜色	
顾客电话			行驶里程		VIN 号				
维修项目									
km 常规保养□　一般维修□　事故车□　洗车□　其他□									
序号	维修项目	配件	工时	合计	序号	维修项目	配件	工时	合计
1					8				
2					9				
3					10				
4					11				
5					12				
6					13				
7					合计：				

续表

故障描述及诊断结果

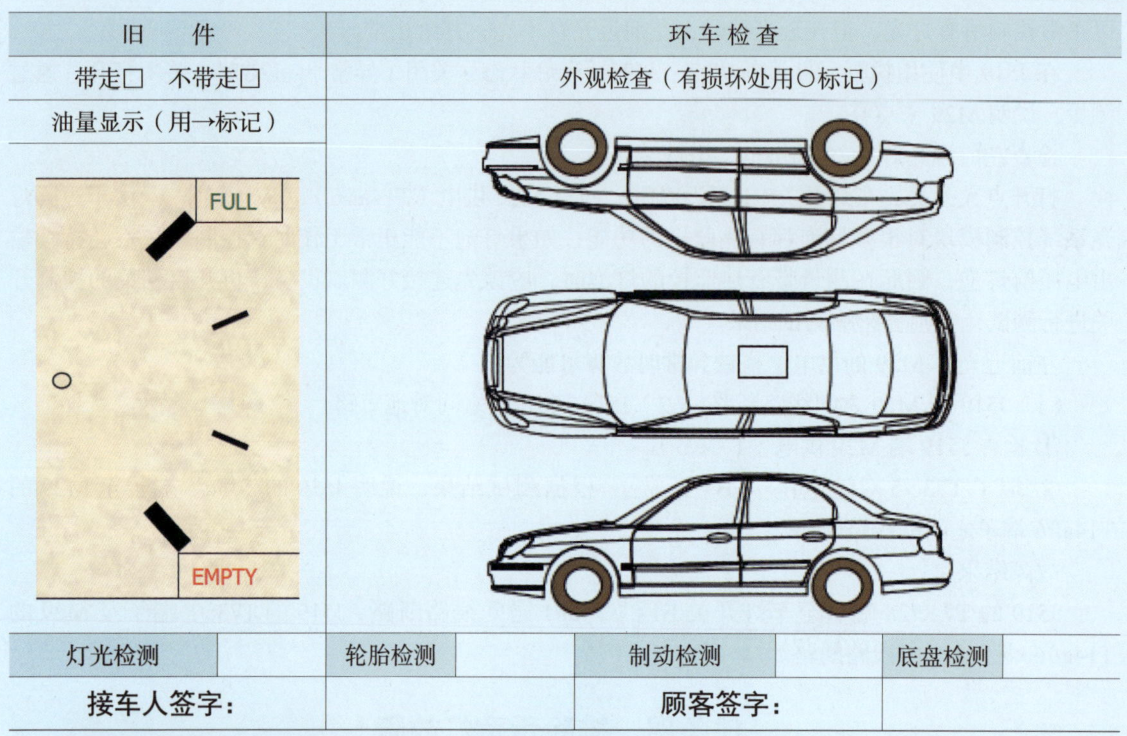

旧件		环车检查					
带走□　不带走□		外观检查（有损坏处用○标记）					
油量显示（用→标记）							
灯光检测		轮胎检测		制动检测		底盘检测	
接车人签字：				**顾客签字：**			

微组织 1：老师检查纠错，学生改正错误。微评价：☆☆☆☆☆

步骤二：作业准备

请详细复述作业准备项目与内容，对照表 4-4-2 核准检查。若已准备好，请用铅笔在相应项目内容后的方框内画上“√”；若有遗漏，请补充后再画上“√”。

表 4-4-2　排除示宽灯异常故障作业准备检查表

项　目	内　容
作业场地	带有消防设施的作业场地□
设备设施	整车□　工具车□　零件车□　吹气枪□　垃圾桶□
工量辅具	套筒扳手组合套具□　预置力式扭力扳手□　万用表□　示波器□　试电灯□　汽车测试线□　故障诊断仪□　翼子板防护三件套□　汽车测试线□　示波器□　灯光测试仪□
耗材	清洁布□　泡沫清洁剂□

微组织 2：老师检查纠错，学生改正错误。微评价：☆☆☆☆☆

步骤三：确认故障现象

1. 请结合维修手册、老师讲解查阅主教材并观看相关视频认真分析迈腾 B8 1.8 T 示宽灯结构及组成，将示宽灯结构及组成用铅笔认真填写入表 4-4-3 中。

表 4-4-3　迈腾 B8 1.8 T 示宽灯机构及组成

<table>
<tr><td>迈腾 B8 1.8 T 示宽灯结构图</td><td colspan="2"> 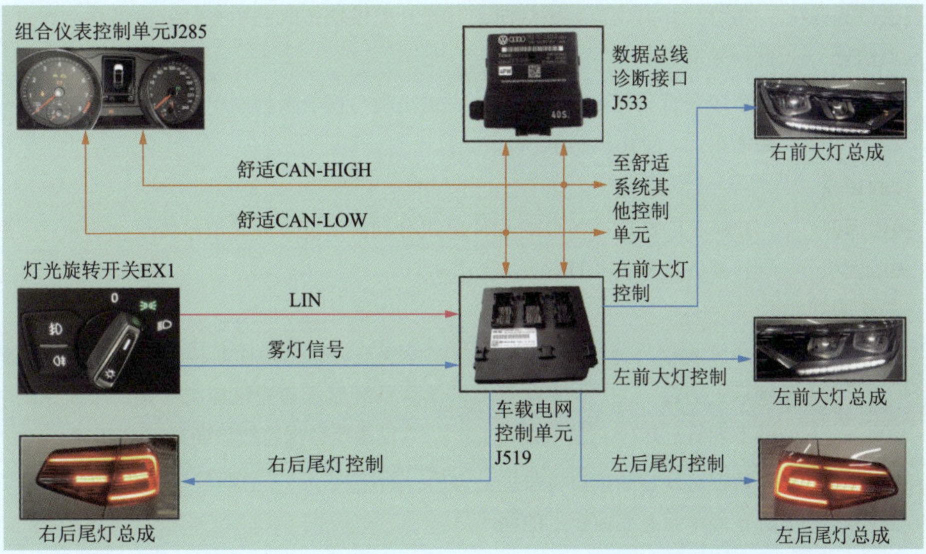组合仪表控制单元J285
数据总线诊断接口J533
舒适CAN-HIGH
舒适CAN-LOW
至舒适系统其他控制单元
右前大灯总成
灯光旋转开关EX1
LIN
雾灯信号
右前大灯控制
左前大灯控制
左前大灯总成
车载电网控制单元J519
右后尾灯控制
左后尾灯控制
右后尾灯总成
左后尾灯总成</td></tr>
<tr><td>迈腾 B8 1.8 T 示宽灯组成</td><td>1. ______________________。
2. 左、右前照灯总成、车内各操作开关。
3. ______________________。</td><td>4. 组合仪表板控制单元 J285。
5. 数据总线诊断接口 J533。
6. ______________________</td></tr>
<tr><td>示宽灯作用</td><td>警示标志的车灯："示"是警示的意思；"宽"有轮廓之意，所以示宽灯是________。安全标准规定在车高高于________米汽车必须安装示宽灯。示宽灯的颜色为________</td><td>适用情景：晚上在路边暂时停靠，要亮起示宽灯；在路灯很亮的道路上，作为________灯，而不用开大灯；在________、________、雾天或者其他视线不良的时候，开启示宽灯，用以提醒________</td></tr>
</table>

微组织 3：老师检查纠错，学生改正错误。微评价：☆☆☆☆☆

2. 请结合维修手册、老师讲解查阅主教材并观看相关视频认真分析迈腾 B8 1.8 T 示宽灯工作过程，将分析所得的远光灯工作过程用铅笔认真填写入表 4-4-4 中。

表 4-4-4　迈腾 B8 1.8 T 示宽灯工作过程

迈腾示宽灯电路图	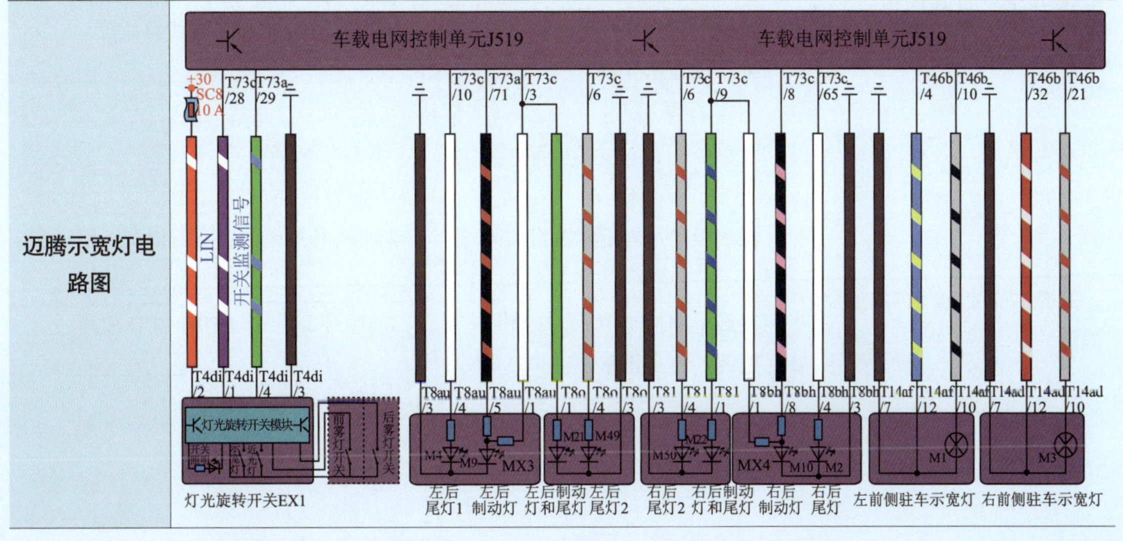

续表

发送灯光开启信号	将灯光开关旋至示宽灯时，灯光开关模块接收到示宽灯开启信号。通过开关________将此信号发送至________
信号传输路径	J519 将此信号通过________发送至组合仪表板控制单元、左侧车门控制单元、右侧车门控制单元、空调控制单元
控制单元接接通开关或面板上的照明灯	J386、J387 通过各自的 LIN 总线分别将示宽灯开启信号传至________。后门控制单元分别接通各自开关上的________指示灯
仪表板显示示宽灯状态	J519 将信号通过舒适 CAN 总线发送至数据总线诊断接口。数据总线诊断接口将数据处理后，通过________发送至前部信息系统显示和操纵控制单元，操纵控制单元点亮面板上的照明灯。J519 将信号通过________发送至数据总线诊断接口
点亮仪表板照明灯	数据总线诊断接口将数据处理后，通过________总线发送至变速杆 E313 控制单元。变速杆控制单元点亮面板上的照明灯

微组织 4：老师检查纠错，学生改正错误。微评价：☆☆☆☆☆

3．请结合迈腾 B8 1.8 T 示宽灯控制原理、维修手册、老师讲解查阅主教材并观看相关视频，根据提示观察仪表板显示并将分析内容用铅笔认真填写在表 4-4-5 中。

表 4-4-5　远光灯故障确认

操　　作	结　　果	故障可能原因
将点火开关置于 ON 位置，观察仪表板显示	异常（与正常显示不同即为异常）	结合电路、维修手册先排除仪表板显示异常故障
旋转灯光开关至示宽灯，观察仪表板上氛围灯、门窗玻璃开关、音响面板、变速杆 E313 面板、空调控制面板指示灯	全部显示异常	1．________________。 2．车载电网控制单元 J519 本身、供电及线路损坏
	某一项显示异常	1．舒适 CAN 总线线路故障。 2．________________。 3．信息娱乐 CAN 总线线路故障。 4．________________。 5．________________。 6．指示灯故障。 7．插接件故障
观察仪表板提示灯光系统故障	仪表板提示外部示宽灯故障	灯光旋转开关电源、自身以及线路正常
	车载电网控制单元 J519 供电电源、自身正常	1．________________。 2．前照灯、后尾灯中的 LED 故障。 3．________________。 4．插接件故障

续表

操　　作	结　　果	故障可能原因
观察前照灯总成左、右示宽灯	示宽灯（包含后部）全部不亮	1. ________。 2. ________。 3. ________。 4. ________。 5. 前部 LED 故障。 6. 插接件故障
	一侧不亮	1. ________。 2. ________。 3. 前部一侧示宽灯 LED 故障。 4. ________。 5. 插接件故障

微组织 5：老师检查纠错，学生改正错误。微评价：☆☆☆☆☆

4. 请结合迈腾 B8 1.8 T 示宽灯电路图、维修手册、老师讲解查阅主教材并观看相关视频，将示宽灯无故障码排故流程用铅笔认真填写在图 4-4-1 中。

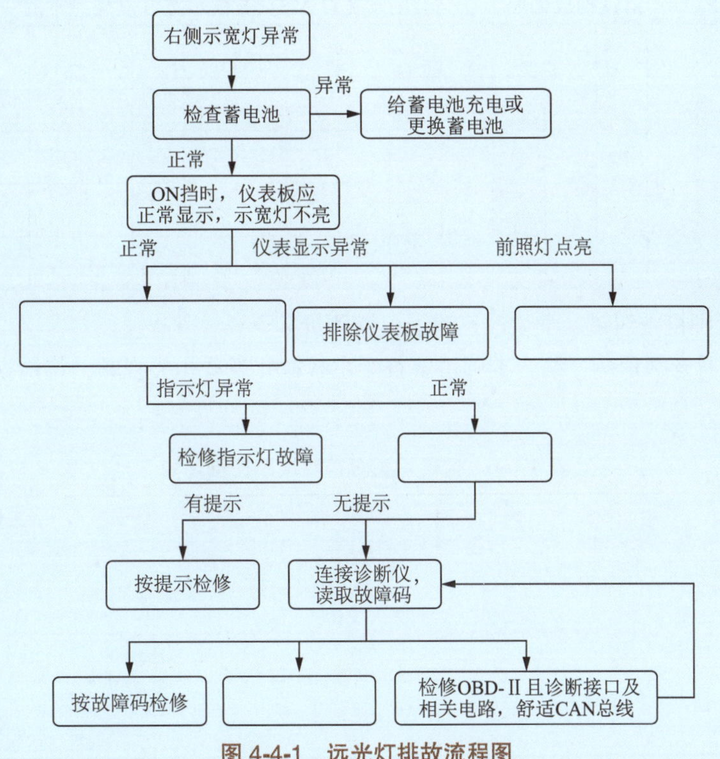

图 4-4-1　远光灯排故流程图

微组织 6：老师检查纠错，学生改正错误。微评价：☆☆☆☆☆

步骤四：检查前部示宽灯控制电路

1. 结合迈腾 B8 1.8T 示宽灯控制原理图 4-4-2，分析示宽灯控制线路可能出现的故障，在下面的方框中用铅笔认真写出。

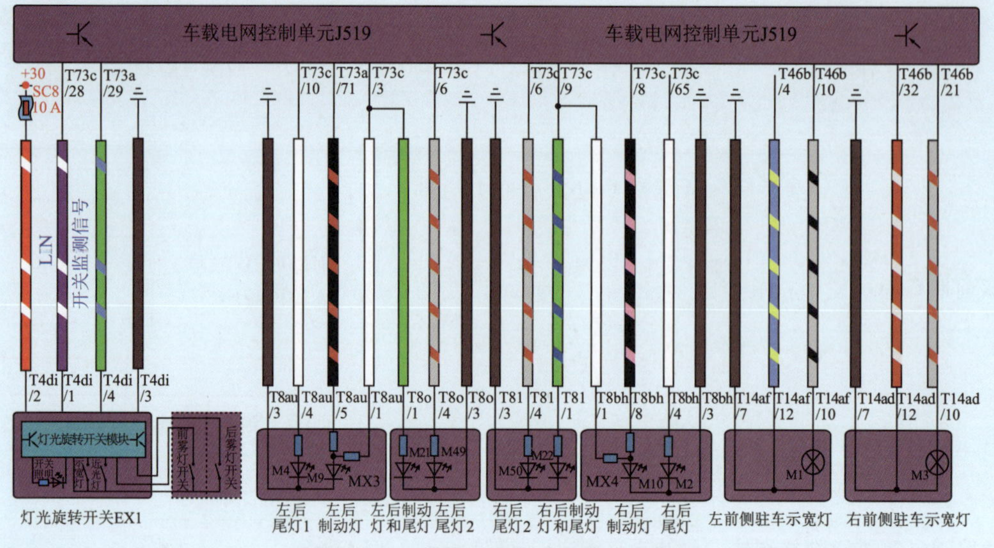

图 4-4-2　前部示宽灯控制线路电路图

右前示宽灯 M3 的控制由 J519 通过其 T46b/1 端子与右前 T14ad/10 之间的线路给 M3 提供电源，再通过右前端子 T14ad/7 端子搭铁构成回路，点亮右前示宽灯 M3。右前示宽灯点亮异常的常见故障如下：

微组织 7：老师检查纠错，学生改正错误。微评价：☆☆☆☆☆

2．请仔细观看老师示范，结合老师讲解查阅主教材并观看相关视频，将检查计划用铅笔认真填写在表 4-4-6 中。

表 4-4-6　前部示宽灯控制线路检查计划

工　序	内　容	工量辅具
1		
2		
3		
4		
5		
6		
7		

微组织 8：老师检查纠错，学生改正错误。微评价：☆☆☆☆☆

3. 请依据低压电路检修原则，结合制订的检查计划进行检查，并用铅笔将检查结果填入表 4-4-7，同时给出维修建议。

表 4-4-7　前部示宽灯控制电路检查结果

1. 测试标准：打开点火开关，将灯光旋转开关 E1 能转至示宽灯位置，测量 T14ad/10 端子对搭铁电压测试值应为 +B

可能	实测结果	状态	操作
1		正常	
2		异常	
3		异常	

2. 测试标准：打开点火开关，将灯光旋转开关 E1 旋转至示宽灯位置，测量 J519 的 T46b/21 端子对搭铁电压，测试值应为 +B

<table>
<tr><th>可能</th><th>实测结果</th><th>状态</th><th>可能原因</th><th>操作</th></tr>
<tr><td>1</td><td></td><td>正常</td><td>T46b/21 与 T14ad/10 间线路断路或虚接</td><td>转至本表 3</td></tr>
<tr><td rowspan="2">2</td><td rowspan="2"></td><td rowspan="2">异常</td><td></td><td rowspan="2">转至本表 4</td></tr>
<tr><td></td></tr>
<tr><td>3</td><td></td><td>异常</td><td>J519 局部故障</td><td>更换 J519</td></tr>
</table>

3. 测试标准：关闭点火开关，拔下左侧近光灯和 J519 插接器，导线端对端电阻应小于 2 Ω

<table>
<tr><th>可能</th><th>实测结果</th><th>状态</th><th>可能原因</th><th>操作</th></tr>
<tr><td>1</td><td>小于 2 Ω</td><td></td><td>线束插接器故障</td><td>检修插接器</td></tr>
<tr><td>2</td><td>无穷大</td><td></td><td></td><td rowspan="2">检修线路</td></tr>
<tr><td>3</td><td>大于 2 Ω</td><td></td><td></td></tr>
</table>

4. 测试标准：关闭点火开关，断开右前示宽灯 T14ad 与控制单元 J519 的 T46b 插接件，测量 T14ad/10 端子以及线路对搭铁电阻，测试结果应为无穷大。

注意：需先确认以上模块与元件之间连接线路无断路或电阻过大故障

<table>
<tr><th>可能</th><th>测试部位</th><th>实测结果</th><th>状态</th><th>可能原因</th><th>操作</th></tr>
<tr><td rowspan="2">1</td><td rowspan="2">测量 T14ad 插接件端的 T14ad/10 端子对搭铁电阻</td><td>无穷大</td><td></td><td></td><td></td></tr>
<tr><td>小于 2 Ω</td><td></td><td>线路对搭铁短路</td><td>维修线路</td></tr>
<tr><td rowspan="2">2</td><td rowspan="2">连接 T14ad 插接件，测量 T14ad 插接件端 T14ad/10 端子对搭铁电阻</td><td></td><td>正常</td><td></td><td></td></tr>
<tr><td>无穷大</td><td>异常</td><td></td><td>更换总成</td></tr>
<tr><td rowspan="2">3</td><td rowspan="2">连接 T46b 插接件，测量 T14ad 插接件端 T14af/10 端子对搭铁电阻</td><td>大阻值</td><td>正常</td><td></td><td></td></tr>
<tr><td></td><td>异常</td><td>J519 内部对搭铁短路</td><td></td></tr>
</table>

5. 测试标准：在任何工况条件下，T4ad/7 端子对搭铁电压均应小于 0.1 V

可能	实测结果	状态	可能原因	操作
1	0			
2	0.1 → +B			检修线路
3	+B			检修线路

微组织 9：老师检查纠错，学生改正错误。微评价：☆☆☆☆☆

4. 请查阅教材和维修手册，完善表 4-4-8。

表 4-4-8　散热器和电子风扇安装技术标准

项　目	标　准
测量导线导通性技术要求	首先需要使用万用表分别测量接线端的两端搭铁电压，当电压出现异常时，需对该段导线进行________，断开接线端，取下导线，先使用万用表蜂鸣挡测量导线是否断路，然后再调至欧姆挡测量电阻，以确定导线断开或是虚接

微组织 10：老师检查纠错，学生改正错误。微评价：☆☆☆☆☆

步骤五：检查后部示宽灯的控制

1. 结合迈腾 B8 1.8 T 后部示宽灯控制原理图 4-4-4，分析后部示宽灯控制线路可能出现的故障，在下面方框中用铅笔认真写出。

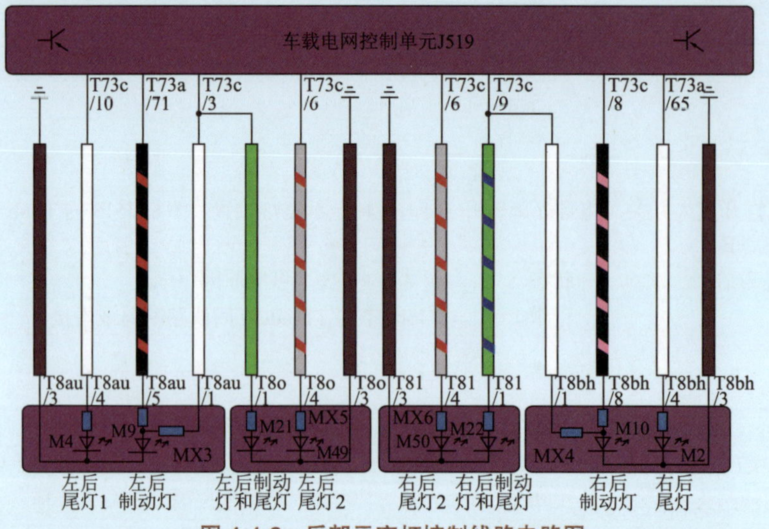

图 4-4-3　后部示宽灯控制线路电路图

T8bh/4 为右后示宽灯提供电源主搭铁。若搭铁线路异常，可能使右侧示宽灯 M2 的 LED 或卤素灯泡电源功率不足，导致右侧灯光暗淡或无法点亮，右后侧示宽灯 M2 控制由 T73a/65 端子输出，至右后侧 T8bh/4，给右后侧示宽灯 M2 提供电源，M2 通过 T8bh/ 端子搭铁构成回路，点亮右后示宽灯 M2。常见故障如下：

微组织 11：老师检查纠错，学生改正错误。微评价：☆☆☆☆☆

2. 请仔细观看老师示范，结合老师讲解查阅主教材并观看相关视频，将检查计划用铅笔认真填写在表 4-4-9 中。

表 4-4-9　前部示宽灯控制线路检查计划

工　序	内　容	工量辅具
1		
2		
3		
4		
5		
6		
7		

微组织 12：老师检查纠错，学生改正错误。微评价：☆☆☆☆☆

3．请依据低压电路检修原则，结合制订的检查计划进行检查，并用铅笔将检查结果填入表 4-4-10，同时给出维修建议。

表 4-4-10　后部示宽灯控制电路检查结果

1．测试标准：打开点火开关，将灯光旋转开关 E1 能转至示宽灯位置，测量示宽灯 M2 的 T8bh/4 端子对搭铁电压，测试值应为 +B

可能	实测结果	状态	操作
1	+B		
2	0		
3	0.1 → +B		

2. 测试标准：打开点火开关，将灯光能转开关 E1 旋转至示宽灯位置，测量 J519 的 T73a/65 端子对搭铁电压，测试值应为 +B

可能	实测结果	状态	可能原因	操作
1	+B	正常	T73a/65 与 T8bh/4 间线路断路或虚接	
2	0			
3	0.1 → +B			更换 J519

3．测试标准：关闭点火开关，拔下左侧近光灯和 J519 插接器，导线端对端电阻应小于 2 Ω

可能	实测结果	状态	可能原因	操作
1	小于 2 Ω	正常	线束插接器故障	检修插接器
2				检修线路
3				

4．测试标准：关闭点火开关，断开右后示宽灯 T8bh 与控制单元 J519 的 T73c 插接件，测量 T8bh/4 端子以及线路对搭铁电阻，测试结果应为无穷大。

注意：需先确认以上模块与元件之间连接线路无断路或电阻过大故障

可能	测试部位	实测结果	状态	可能原因	操作
1	测量 M2 的 T8bh/4 端子对搭铁电阻	无穷大	正常		
			异常	线路对搭铁短路	
2	连接 T8b 插接件，测量 M2 的 T8bh/4 端子对搭铁电阻				
		无穷大		灯泡损坏	
3	连接 J519 的 T73c 插接件，测量 M2 的 T8bh/4 端子对搭铁电阻	大阻值	正常		
			异常		

5．测试标准：在任何工况条件下，T8bh/3 端子对搭铁电压均应小于 0.1 V

可能	实测结果	状态	可能原因	操作
1	0	正常	在灯光工作异常时考虑右前示宽的 LED 或卤素灯泡故障	更换总成或卤素灯泡
2	0.1 → +B			
3	+B			

微组织 13：老师检查纠错，学生改正错误。微评价：☆☆☆☆☆

4．请查阅主教材并观看视频，结合检修过程对示宽灯的认识，回答下列问题。

（1）在图 4-4-4 中方框内用铅笔认真写出灯开关组成名称。

微组织 14：老师检查纠错，学生改正错误。微评价：☆☆☆☆☆

（2）结合图 4-4-5，说明仪表提示故障的原理。

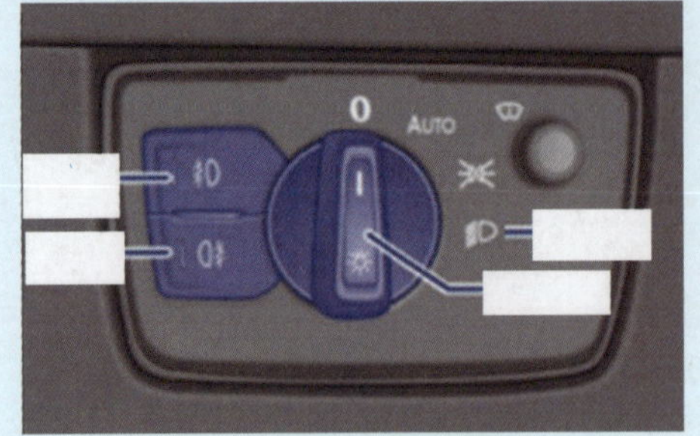

图 4-4-4　灯开关结构

图 4-4-5　仪表故障提示

灯光旋转开关端子线路出现故障，将导致																				

微组织 15：老师检查纠错，学生改正错误。微评价：☆☆☆☆☆

5．请结合检修过程中对迈腾示宽灯的认识，查阅主教材和相关资料，总结示宽灯的常见故障及对应的故障现象，用铅笔认真填写在图 4-1-6 中。

图 4-1-6　电子风扇常见损伤形式及原因

微组织 16：老师检查纠错，学生改正错误。微评价：☆☆☆☆☆

任务五　排除雾灯故障

步骤一：检查故障车辆

请对照表 4-5-1 所示的维修工单，按照故障车辆实际情况进行填写。

表 4-5-1　汽车维修中心维修工单

来店时间：　　年　　月　　日　　时					交车时间：　　月　　日　　时				
顾客姓名		车牌号		车型		车辆颜色			
顾客电话		行驶里程		VIN 号					
维修项目									
km 常规保养□　一般维修□　事故车□　洗车□　其他□									
序号	维修项目	配件	工时	合计	序号	维修项目	配件	工时	合计
1					8				
2					9				
3					10				
4					11				
5					12				
6					13				
7					合计：				
故障描述及诊断结果									

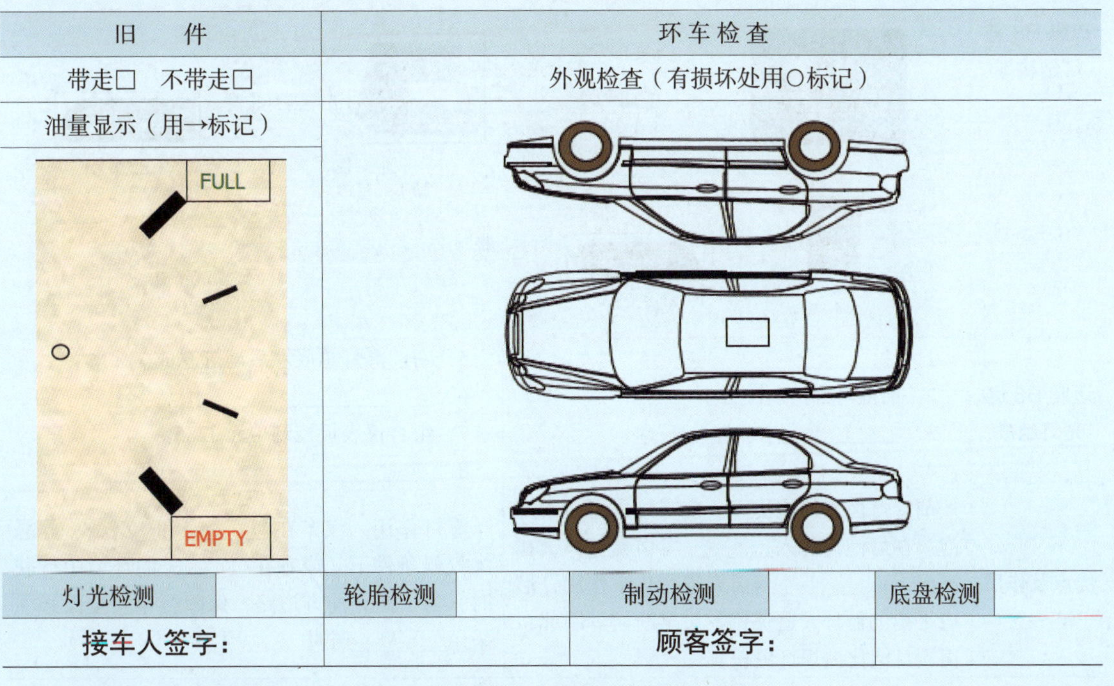

旧　　件		环车检查					
带走□　不带走□		外观检查（有损坏处用○标记）					
油量显示（用→标记）							
FULL EMPTY							
灯光检测		轮胎检测		制动检测		底盘检测	
接车人签字：				顾客签字：			

微组织 1：老师检查纠错，学生改正错误。微评价：☆☆☆☆☆

步骤二：作业准备

请详细复述作业准备项目与内容，对照表 4-5-2 核准检查。若已准备好，请用铅笔在相应项目内容后的方框内画上“√”；若有遗漏，请补充后再画上“√”。

表 4-5-2　排除雾灯故障作业准备检查表

项　目	内　容
作业场地	带有消防设施的作业场地□
设备设施	整车□　工具车□　零件车□　吹气枪□　垃圾桶□
工量辅具	套筒扳手组合套具□　预置力式扭力扳手□　万用表□　示波器□　试电灯□　汽车测试线□ 故障诊断仪□　翼子板防护三件套□　汽车测试线□　示波器□　灯光测试仪□
耗材	清洁布□　泡沫清洁剂□

微组织 2：老师检查纠错，学生改正错误。微评价：☆☆☆☆☆

步骤三：确认故障现象

1. 请结合维修手册、老师讲解查阅主教材并观看相关视频，认真分析迈腾 B8 1.8 T 雾灯结构及组成，将雾灯结构及组成用铅笔认真填写入表 4-5-3 中。

表 4-5-3　迈腾 B8 1.8 T 远光灯机构及组成

<table>
<tr><td>迈腾 B8 雾灯结构图</td><td colspan="2">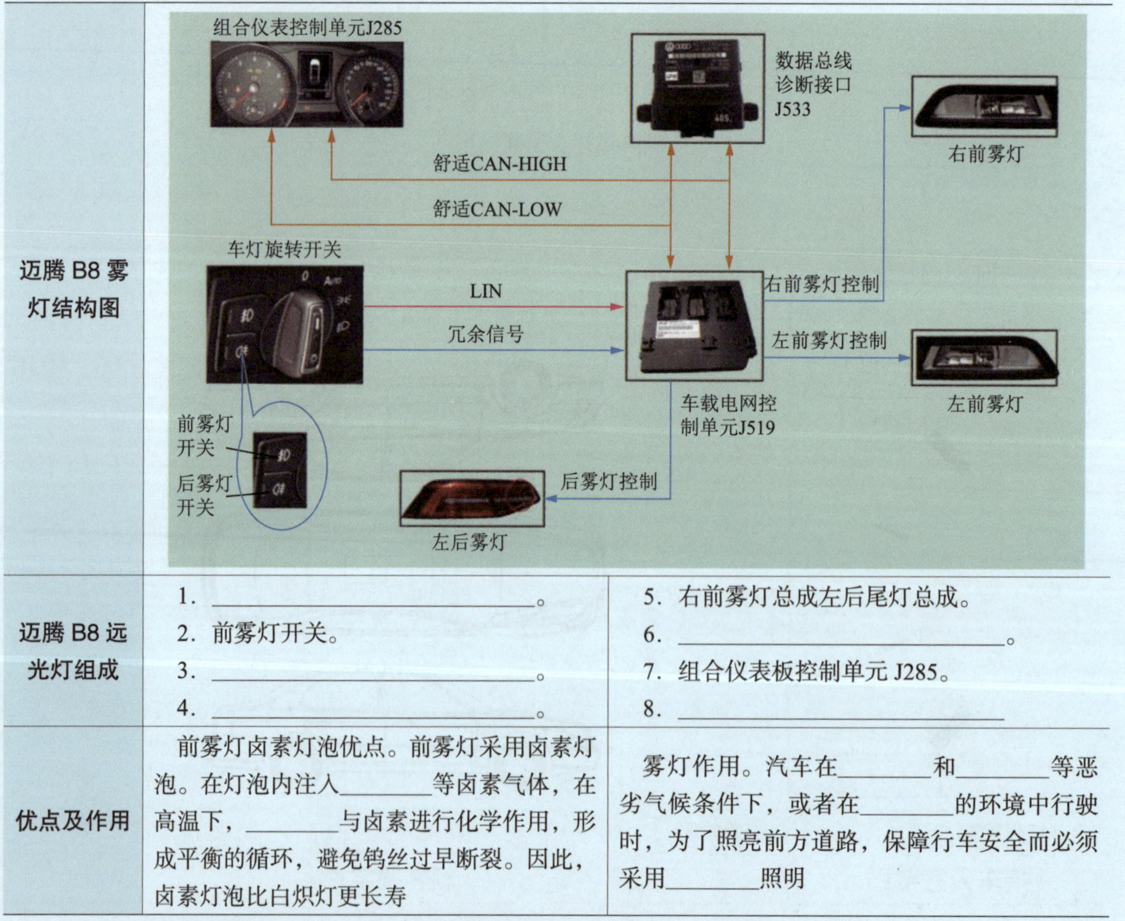
</td></tr>
<tr><td>迈腾 B8 远光灯组成</td><td>1. ____________。
2. 前雾灯开关。
3. ____________。
4. ____________。</td><td>5. 右前雾灯总成左后尾灯总成。
6. ____________。
7. 组合仪表板控制单元 J285。
8. ____________</td></tr>
<tr><td>优点及作用</td><td>前雾灯卤素灯泡优点。前雾灯采用卤素灯泡。在灯泡内注入________等卤素气体，在高温下，________与卤素进行化学作用，形成平衡的循环，避免钨丝过早断裂。因此，卤素灯泡比白炽灯更长寿</td><td>雾灯作用。汽车在________和________等恶劣气候条件下，或者在________的环境中行驶时，为了照亮前方道路，保障行车安全而必须采用________照明</td></tr>
</table>

微组织 3：老师检查纠错，学生改正错误。微评价：☆☆☆☆☆

2. 请结合维修手册、老师讲解查阅主教材并观看相关视频，认真分析迈腾 B8 1.8 T 雾灯控制原理，将分析所得的雾灯控制原理用铅笔认真填写入表 3-4-4 中。

表 4-5-4　迈腾 B8 1.8 T 远光灯控制原理

迈腾雾灯电路图	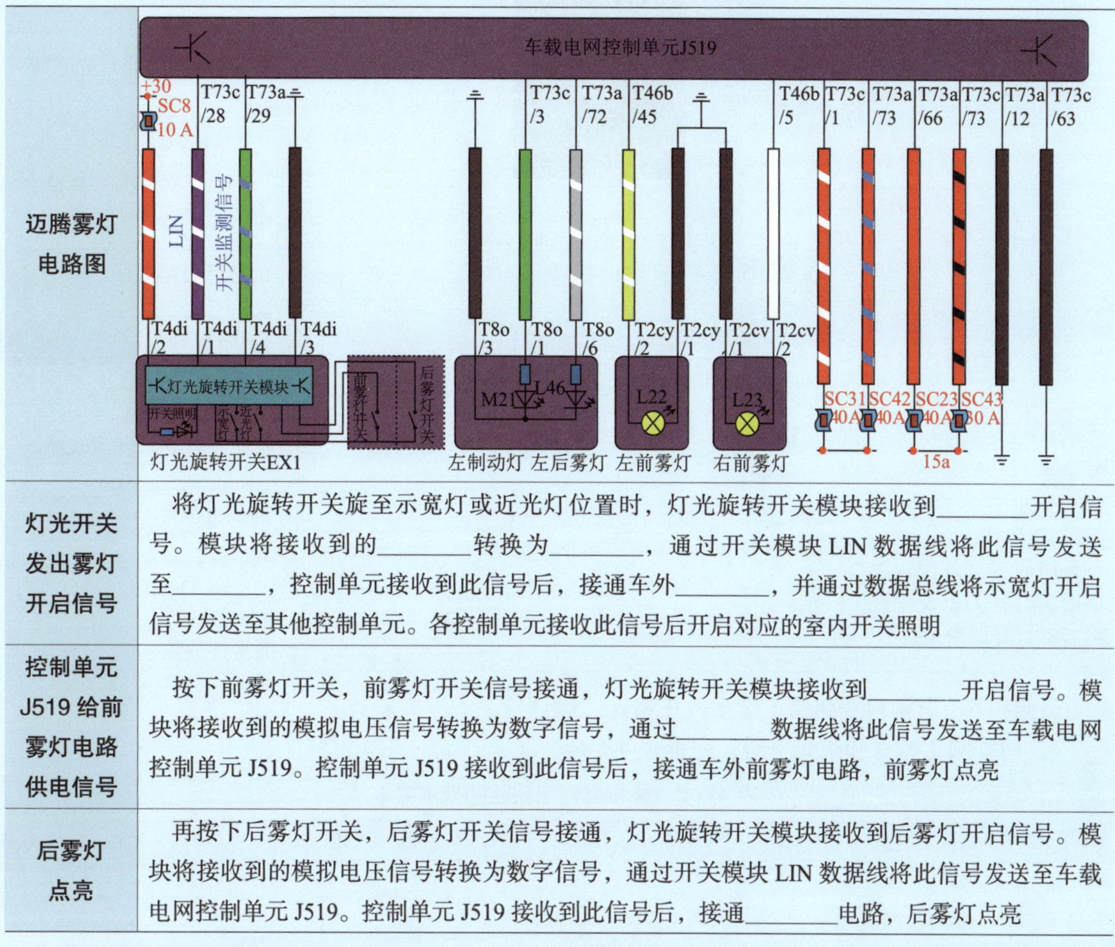
灯光开关发出雾灯开启信号	将灯光旋转开关旋至示宽灯或近光灯位置时，灯光旋转开关模块接收到________开启信号。模块将接收到的________转换为________，通过开关模块 LIN 数据线将此信号发送至________，控制单元接收到此信号后，接通车外________，并通过数据总线将示宽灯开启信号发送至其他控制单元。各控制单元接收此信号后开启对应的室内开关照明
控制单元 J519 给前雾灯电路供电信号	按下前雾灯开关，前雾灯开关信号接通，灯光旋转开关模块接收到________开启信号。模块将接收到的模拟电压信号转换为数字信号，通过________数据线将此信号发送至车载电网控制单元 J519。控制单元 J519 接收到此信号后，接通车外前雾灯电路，前雾灯点亮
后雾灯点亮	再按下后雾灯开关，后雾灯开关信号接通，灯光旋转开关模块接收到后雾灯开启信号。模块将接收到的模拟电压信号转换为数字信号，通过开关模块 LIN 数据线将此信号发送至车载电网控制单元 J519。控制单元 J519 接收到此信号后，接通________电路，后雾灯点亮

微组织 4：老师检查纠错，学生改正错误。微评价：☆☆☆☆☆

3. 请结合迈腾 B8 1.8 T 雾灯控制原理、维修手册、老师讲解查阅主教材并观看相关视频，根据提示观察仪表板显示并将分析内容用铅笔认真填写在表 4-5-5 中。

表 4-5-5　雾灯故障确认

操　作	结　果	故障可能原因
将点火开关置于 ON 位置，观察仪表板显示	显示异常	排除仪表板显示异常的故障
开启前雾灯开关，观察前雾灯开关以及仪表板上开启指示灯	指示灯异常（与正常显示不一致为异常） 仪表显示正常	1. ____________。 2. 旋转灯光开关雾灯信号至 J519 线路故障。 3. ____________。 4. 指示灯故障。 5. ____________

续表

操 作	结 果	故障可能原因
观察仪表板上灯光系统故障提示	提示灯光系统故障	按照系统提示检修灯光系统
观察雾灯灯光	前雾灯全部不亮	1. ______。 2. ______。 3. 前雾灯灯泡故障。 4. ______。 5. 插接件故障
	一侧不亮	1. ______。 2. ______。 3. 前部一侧雾灯灯泡故障。 4. ______。 5. 插接件故障
开启后雾灯开关，观察后雾灯开关以及仪表板后雾灯开启指示灯	异常	① ______。 ② ______。 ③ 指示灯故障。 ④ 插接件故障

微组织 5：老师检查纠错，学生改正错误。微评价：☆☆☆☆☆

4．请查阅主教材和维修手册，完善表 4-5-6。

表 4-5-6　检修雾灯电路故障技术要求

项 目	标 准
电路检测	
部件检测	

微组织 6：老师检查纠错，学生改正错误。微评价：☆☆☆☆☆

5．请结合迈腾 B8 1.8 T 雾灯电路图、维修手册、老师讲解查阅主教材并观看相关视频，回答下列问题。

（1）请结合维修手册老师讲解和观看视频，总结排故流程原则，完善表 4-5-7。

表 4-5-7　雾灯检测标准

项 目	标 准
根据故障码提示进行维修	
电路及部件检测	

微组织 7：老师检查纠错，学生改正错误。微评价：☆☆☆☆☆

（2）请结合迈腾 B8 1.8 T 雾灯电路图、维修手册、老师讲解查阅教材并观看相关视频，完善雾灯无故障码排故流程如图 4-5-1 所示。

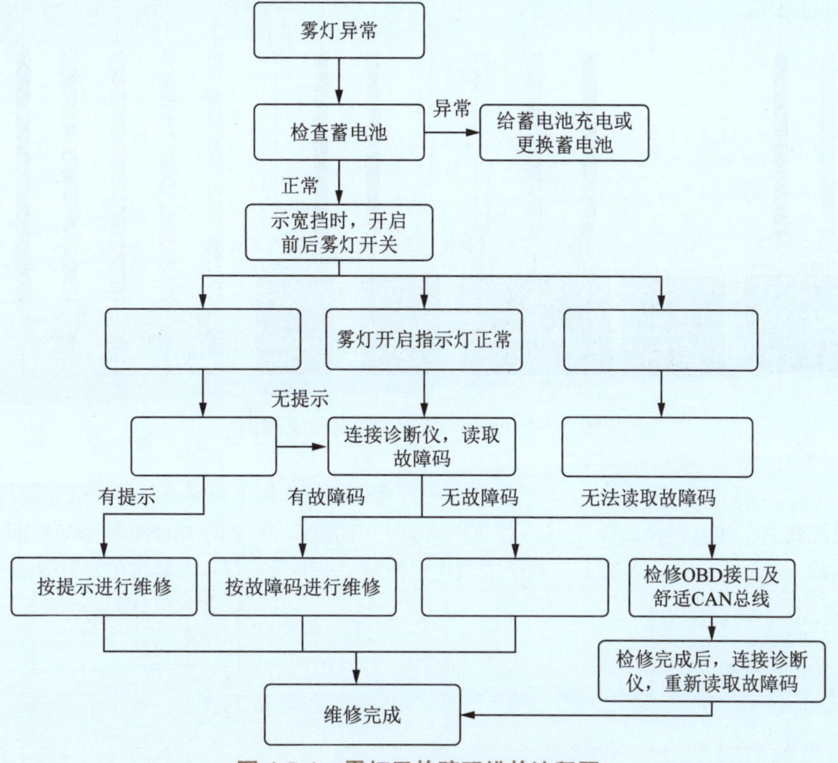

图 4-5-1　雾灯无故障码排故流程图

微组织 8：老师检查纠错，学生改正错误。微评价：☆☆☆☆☆

（3）请结合迈腾 B8 1.8 T 维修手册、老师讲解查阅教材并观看相关视频，在图 4-5-2 中圈出雾灯位置。

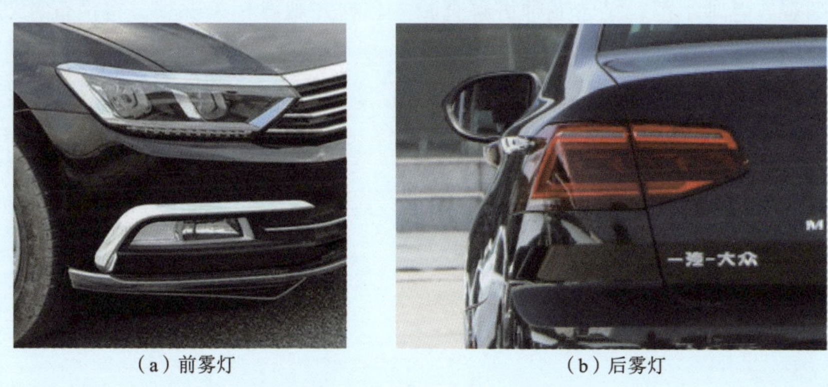

（a）前雾灯　（b）后雾灯

图 4-5-2　迈腾 B8 雾灯位置

微组织 9：老师检查纠错，学生改正错误。微评价：☆☆☆☆☆

步骤四：检查前部雾灯控制线路

1. 结合迈腾 B8 1.8 T 前部雾灯控制电路原理图 4-5-3，分析前部雾灯控制线路可能出现的故障，在下面方框中用铅笔认真写出。

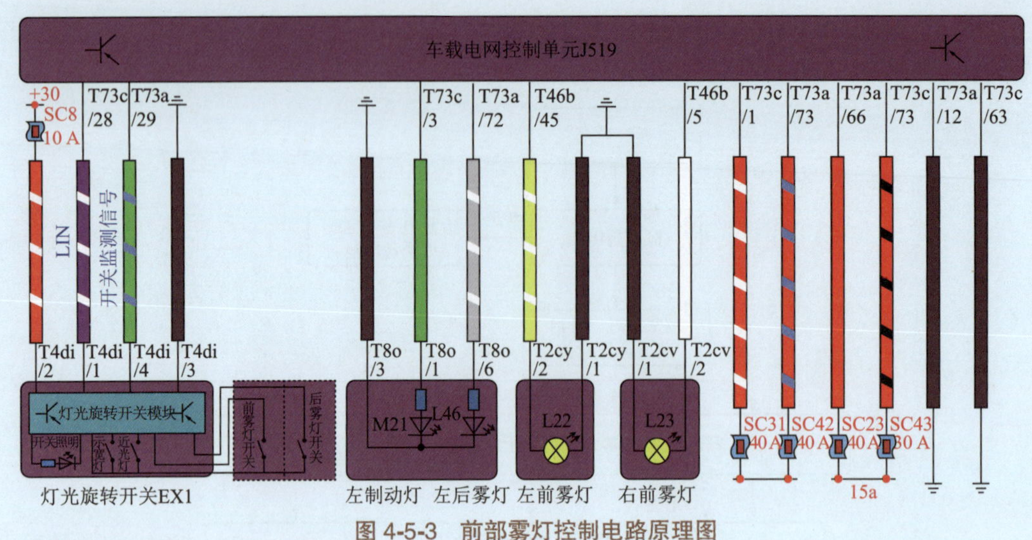

图 4-5-3　前部雾灯控制电路原理图

打开点火开关，将灯光旋转开关 E1 开至示宽灯或近光灯位置，按下前雾灯按键，灯光旋转开关 E1 通过 LIN 数据总线向车载电网控制单元 J519 发送前雾灯开启信号。J519 的 T46b/5 端子向右前雾灯 T2cv/2 端子提供电源，再通过右前雾灯 T2cv/1 端子搭铁构成回路。右前示宽灯点亮异常的常见故障如下：

微组织 10：老师检查纠错，学生改正错误。微评价：☆☆☆☆☆

2. 请仔细观看老师示范，结合老师讲解查阅主教材并观看相关视频，将检查计划用铅笔认真填写在表 4-5-8 中。

表 4-5-8　前部雾灯控制线路检查计划

工　序	内　容	工量辅具
1		
2		
3		
4		
5		
6		
7		

微组织 11：老师检查纠错，学生改正错误。微评价：☆☆☆☆☆

3．请依据低压电路检修原则，结合制订的检查计划进行检查，并用铅笔将检查结果填入表 4-5-9，同时给出维修建议。

表 4-5-9　前部雾灯控制电路检查结果

1．测试标准：打开点火开关，将灯光旋转开关 E1 旋转至示宽灯位置，测量右前雾灯 T2cv/2 端子对搭铁电压，测试值应为 +B

可能	实测结果	状态	操作
1	+B	正常	
2	0		
3	0.1 → +B		

2．测试标准：打开点火开关，将灯光旋转开关 E1 旋转至示宽灯或近光灯位置，按下前雾灯按键，测量 J519 的 T46b/5 端子对搭铁电压，测试值应为 +B

可能	实测结果	状态	可能原因	操作
1	+B			
2	0			
3	0.1 → +B			

3．测试标准：关闭点火开关，拔下左侧近光灯和 J519 插接器，导线端对端电阻应小于 2 Ω

可能	实测结果	状态	可能原因	操作
1	小于 2 Ω			
2	无穷大			
3	大于 2 Ω			

4．测试标准：关闭点火开关，断开右前雾灯 T2 与控制单元 J519 的 T46b 插接件
注意：需先确认以上模块与元件之间连接线路无断路或电阻过大故障

可能	测试部位	实测结果	状态	可能原因	操作
1	测量右前雾灯的 T2cv/2 端子对搭铁电阻		正常		
			异常	线路对搭铁短路	维修线路
2	连接 T2cv 插接件，测量 T2cv/2 端子对搭铁电阻		正常		
			异常	灯泡损坏	更换总成
3	连接 T46b 插接件，测量 T2cv/2 端子对搭铁电阻		正常		
			异常	J519 对搭铁短路	更换 J519

5．测试标准：在任何工况条件下，T2cv/1 端子对搭铁电压均应小于 0.1 V

可能	实测结果	状态		可能原因	操作
1	0	正常			换总成或灯泡
2	0.1 → +B				
3	+B			搭铁线路断路	检修线路

微组织 12：老师检查纠错，学生改正错误。微评价：☆☆☆☆☆

步骤五：检查后雾灯的控制线路

1. 结合迈腾 B8 1.8 T 后部雾灯控制电路原理图 4-5-3，分析后部雾灯控制线路可能出现的故障，在下面方框中用铅笔认真写出。

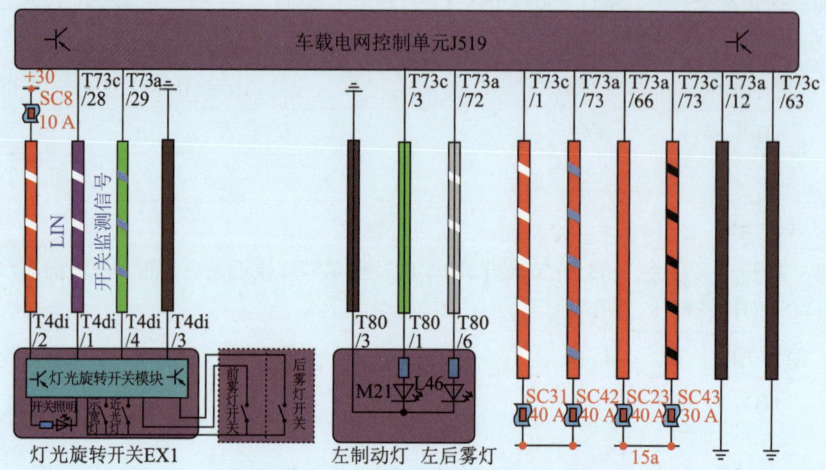

图 4-5-4 后部雾灯控制线路电路图

打开点火开关，旋转灯光开关，按下前、后雾灯按键，灯光旋转开关发送前雾灯开启信号。J519 接收到信号后，其 T73a/72 端子向后雾灯 T80/6 端子供电，通过后雾灯 T80/3 端子搭铁构成回路，点亮后雾灯。后雾灯异常的常见故障如下：

微组织 13：老师检查纠错，学生改正错误。微评价：☆☆☆☆☆

2. 请仔细观看老师示范，结合老师讲解查阅主教材和观看相关视频，将检查计划用铅笔认真填写在表 4-5-10 中。

表 4-5-10 前部雾灯控制线路检查计划

工 序	内 容	工量辅具
1		
2		
3		
4		
5		
6		
7		
8		

微组织 14：老师检查纠错，学生改正错误。微评价：☆☆☆☆☆

3．请依据低压电路检修原则，结合制订的检查计划进行检查，并用铅笔将检查结果填入表 4-5-11，同时给出维修建议。

表 4-5-11　后部雾灯控制电路检查结果

1．测试标准：打开点火开关，将灯光旋转开关 E1 旋转至示宽灯或近光灯位置，按下前雾灯按键，再按下后雾灯按键，测量右后雾灯的 T80/6 端子对搭铁电压，测试值应为 +B

可能	实测结果	状态	操作
1	+B		
2			
3		异常	

2．测试标准：打开点火开关，将灯光旋转开关 E1 旋转至示宽灯或近光灯位置，按下前雾灯按键，再按下后雾灯按键，测量 J519 的 T73a/72 端子对搭电压，测试值应为 +B

可能	实测结果	状态	可能原因	操作
1	+B	正常		
2	0			
3	0.1 → +B		J519 局部故障	

3．测试标准：关闭点火开关，拔下左后雾灯和 J519 插接器，导线端对端电阻应小于 2 Ω

可能	实测结果	状态	可能原因	操作
1		正常	线束插接器故障	
2		异常		
3		异常		

4．测试标准：关闭点火开关，断开左后雾灯 T80 与控制单元 J519 的 T73a 插接件，测量 T80 端子以及线路对搭铁电阻，测试结果应为无穷大

注意：需先确认以上模块与元件之间连接线路无断路或电阻过大故障

可能	测试部位	实测结果	状态	可能原因	操作
1	测量左后雾灯插接件端的 T80/6 端子对搭铁电阻		正常		
			异常		维修线路
2	连接 T80 插接件，测量 T80/6 端子对搭铁电阻		正常		
			异常		
3	连接 J519 的 T73c 插接件，测量 T80 的 T80/6 端子对搭铁电阻		正常		维修结束
			异常	J519 内部对搭铁短路	更换 J519

5．测试标准：在任何工况条件下，T80/6 端子对搭铁电压均应小于 0.1 V

可能	实测结果	状态	可能原因	操作
1		正常	在灯光工作异常时考虑 LED 灯泡故障	换总成或灯泡
2				检修线路
3	+B			检修线路

微组织 15：老师检查纠错，学生改正错误。微评价：☆☆☆☆☆

步骤六：检查灯光旋转开关电源

1．结合迈腾 B8 1.8 T 前部雾灯控制电路原理图 4-5-5，分析灯光旋转开关电源线路可能出现的故障，在下面方框中用铅笔认真写出。

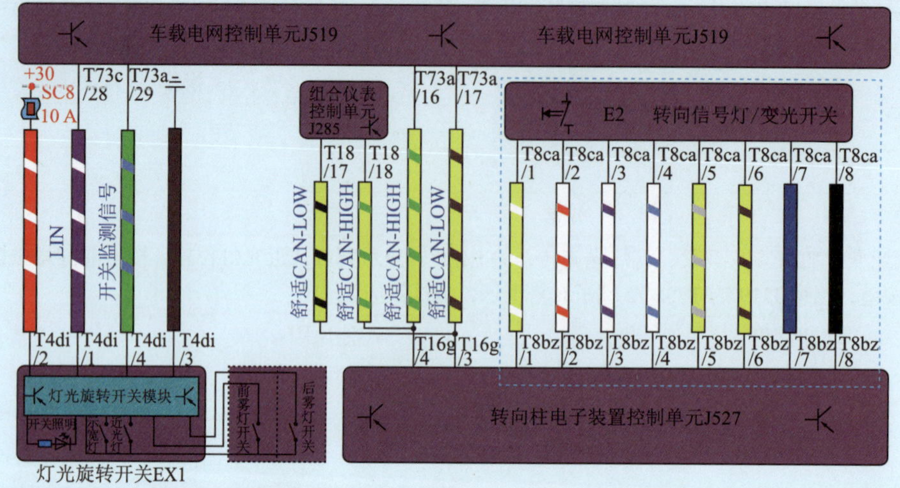

图 4-5-5　灯光旋转开关电源电路图

灯光旋转开关 E1 的 T4di/1 端子接线为 LIN 数据线，连接至车载电网控制单元 J519 的 T73c/28 端子。控制单元 J519 和灯光旋转开关 E1 通过这个 LN 线组成的局域网，且输入和输出数据信息。灯光旋转开关 E1 的 T4di/4 端子线路出现故障，将导致示宽灯、近光灯点亮迟钝，同时前、后雾灯无法点亮。控制单元 J519 通过监测此信号线路故障后，向仪表板发送故障信息，仪表板上会提示“故障：车辆照明”。灯光旋转开关 E1 电源的常见故障如下：

微组织 16：老师检查纠错，学生改正错误。微评价：☆☆☆☆☆

2．请仔细观看老师示范，结合老师讲解查阅主教材并观看相关视频，将检查计划用铅笔认真填写在表 4-5-12 中。

表 4-5-12　灯光旋转开关电源线路检查计划

工　序	内　容	工量辅具
1		
2		
3		
4		
5		
6		
7		
8		

微组织 17：老师检查纠错，学生改正错误。微评价：☆☆☆☆☆

3．请依据低压电路检修原则，结合制订的检查计划进行检查，并用铅笔将检查结果填入表 4-5-13，同时给出维修建议。

表 4-5-13　灯光旋转开关电源线路检查结果

1．测试标准：在任何工况下，测量灯光旋转开关 E1 的 T4di/2 端子对搭铁电压，测试值应为 +B

可能	实测结果	状态	操作
1	+B		
2			
3		异常	

2．测试标准：在任何工况下，测量 SC8 熔丝两端对搭铁电压，测试值应为 +B

可能	实测结果	状态	可能原因	操作
1		正常		
2				检修供电电路
3			熔丝损坏	
4	0.1 → +B			
5				更换熔丝

3．测试标准：关闭点火开关，拔下 E1 插接器，测量 SC8 与 T4di/2 间线路导通性，导线端对端电阻应小于 2 Ω

可能	实测结果	状态	可能原因	操作
1		正常	线束插接器故障	
2		异常		
3		异常		

4．测试标准：在任何工况下，检查灯光旋转开关 E1 电源负极，T4di/3 端子对搭铁电压测试，电压应小于 0.1 V

可能	实测结果	状态	可能原因	操作
1		正常	正常	
2				维修线路
3	+B			

5．测试标准：关闭点火开关，测量灯光旋转开关 E1 的 T4di/2 端子对搭铁电阻，测试电阻应为无穷大

可能	实测结果	状态	可能原因	操作
1	无穷大	正常		进行测试 6
2				检修线路

6．测试标准：检查控制单元或元器件是否对搭铁短路，无穷大为正常

可能	测试部位	实测结果	状态	可能原因	操作
1					
2					
3					
4					
5					
6					
7					
8					

微组织 18：老师检查纠错，学生改正错误。微评价：☆☆☆☆☆

4．请查阅教材和观看视频，结合检修过程对灯光旋转开关的认识，回答下列问题。

（1）在图 4-5-6 右面横线上用铅笔认真写出灯光旋转开关安装位置及拆装方法。

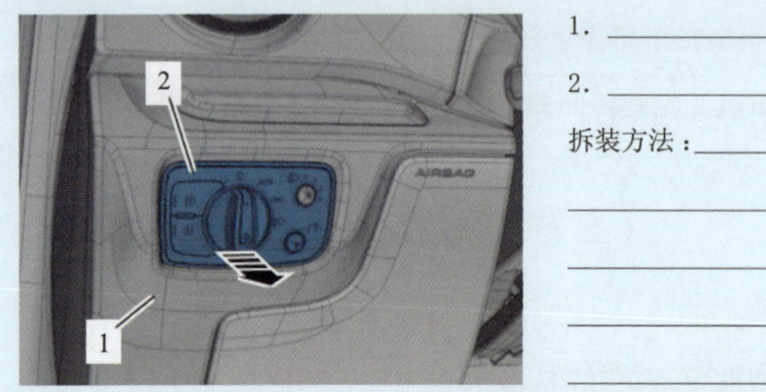

1. ______________________

2. ______________________

拆装方法：______________________

____

____

____

____

图 4-5-6　灯光旋转开关安装位置

微组织 19：老师检查纠错，学生改正错误。微评价：☆☆☆☆☆

步骤七：检查灯光开关 LIN 总线及状态检测信号

1．结合迈腾 B8 1.8 T 前部雾灯控制电路原理图 4-5-7，分析灯光开关 LIN 总线路可能出现的故障，在下面方框中用铅笔认真写出。

图 4-5-7　灯光旋转开关 LIN 总线电路图

车辆灯光旋转开关状态信号是通过 LIN 总线发出，并传递给接至车载电网控制单元 J519。灯光旋转开关 E1 的 T4di/1 端子接线为 LIN 数据线，连接至车载电网控制单元 J519 的 T73c/28 端子，控制单元 J519 和灯光旋转开关 E1 通过这个 LIN 线组成的局域网，且输入和输出数据信息。即通过控制单元 J519 解析后将数据传入或传出，并且通过舒适 CAN 总线的数据总线诊断接口 J533（网关）和诊断仪通信，接收外部数据以及发送故障码和当前工作状态。常见故障如下：

微组织 20：老师检查纠错，学生改正错误。微评价：☆☆☆☆☆

2. 结合迈腾 B8 1.8 T 前部雾灯控制电路原理图 4-5-7，分析灯光开关 LIN 总线路的故障可能，在下面方框中用铅笔认真写出故障可能。

灯光旋转开关 E1 的 T4di/4 端子为灯光旋转开关状态（示宽灯开启 / 关闭、近光灯开启 / 关闭状态）监测信号，连接至车载电网控制单元 J519 的 T73a/29 端子。控制单元 J519 通过这个线路上的波形电压来判断灯光旋转开关所处的状态。常见故障如下：

微组织 21：老师检查纠错，学生改正错误。微评价：☆☆☆☆☆

3. 请仔细观看老师示范，结合老师讲解查阅主教材并观看相关视频，将检查计划用铅笔认真填写在表 4-5-14 中。

表 4-5-14　灯光开关 LIN 总线及状态检测信号检查计划

工　序	内　容	工量辅具
1		
2		
3		
4		
5		
6		

微组织 22：老师检查纠错，学生改正错误。微评价：☆☆☆☆☆

4. 请仔细观看老师示范，结合老师讲解查阅主教材并观看相关视频，在表 4-5-15 中完善示波器的使用方法。

表 4-5-15　示波器使用方法

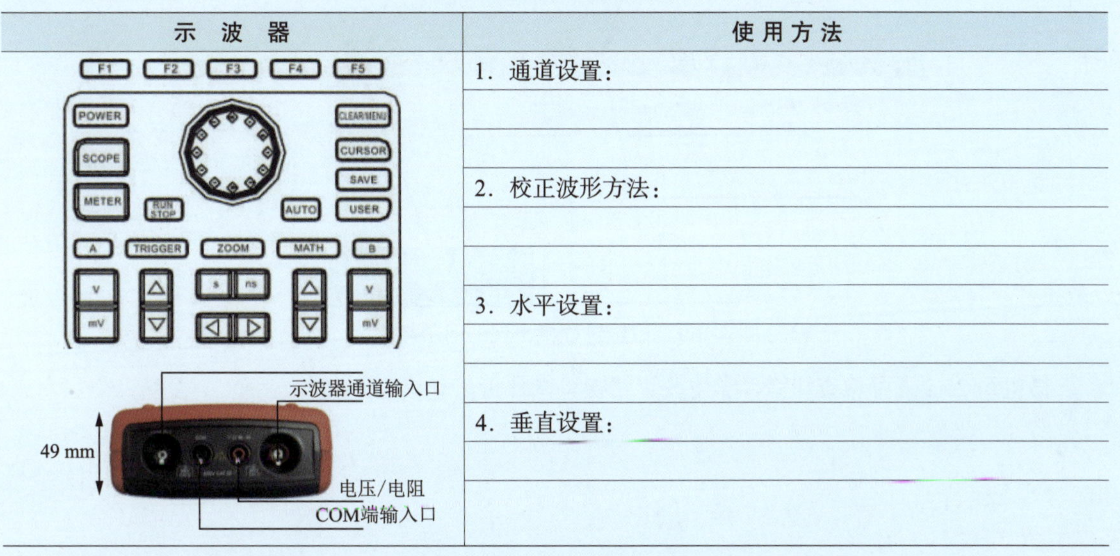

示　波　器	使用方法
	1. 通道设置：
	2. 校正波形方法：
	3. 水平设置：
	4. 垂直设置：

微组织 23：老师检查纠错，学生改正错误。微评价：☆☆☆☆☆

5. 请结合迈腾 B8 1.8 T 电气设备电路图、维修手册、老师讲解查阅主教材并观看相关视频，将迈腾B8 1.8 T灯光旋转开关LIN总线及状态监测信号异常排故流程用铅笔认真填写在图4-5-8中。

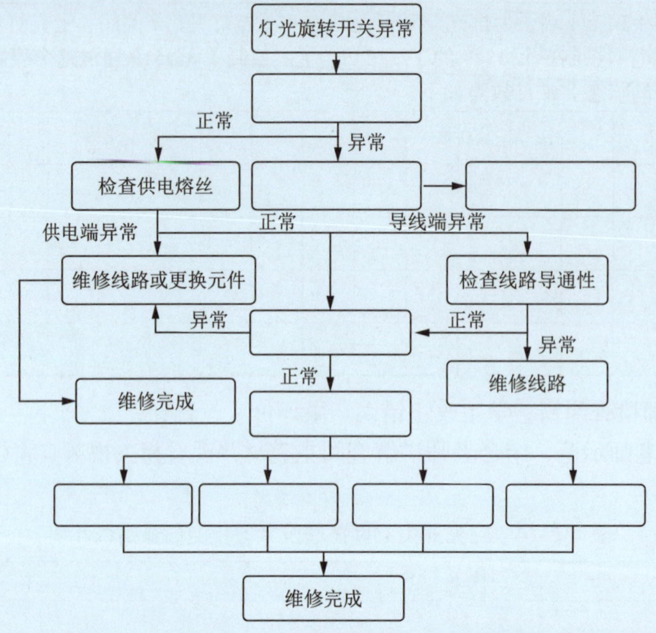

图 4-5-8 灯光旋转开关 LIN 总线及状态监测信号异常排故流程图

微组织 24：老师检查纠错，学生改正错误。微评价：☆☆☆☆☆

6. 请根据检修计划实施检修，详细总结操作过程中出现的问题，试着分析产生原因，归纳出关键词，用铅笔认真填写在图 4-5-9 中。

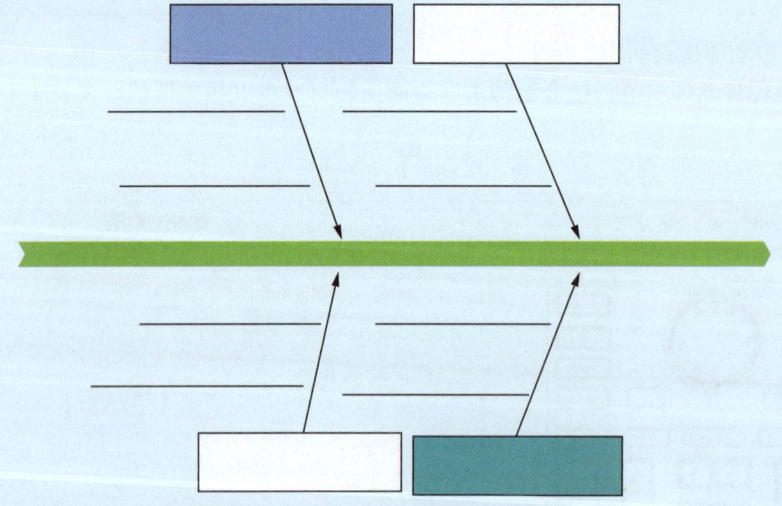

图 4-5-9 检修过程中出现的问题与原因

微组织 25：老师检查纠错，学生改正错误。微评价：☆☆☆☆☆

7. 请依照检修计划实施检修，结合维修手册及老师讲解完成以下问题。

（1）请依据图 4-5-10 中提示，在横线处写出检查灯光开关 LIN 总线作业方法，并记录检测结果。

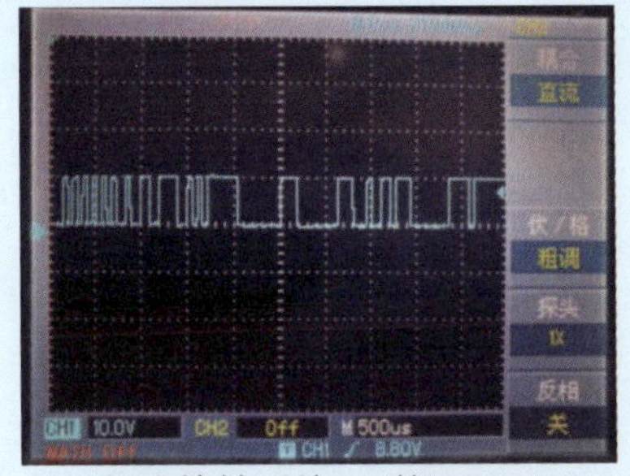

灯光旋转开关 E1 的 T4di/1
端子对搭铁正常波形

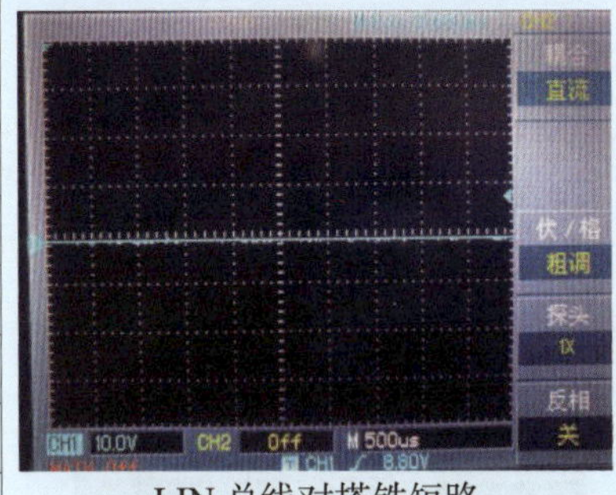

LIN 总线对搭铁短路

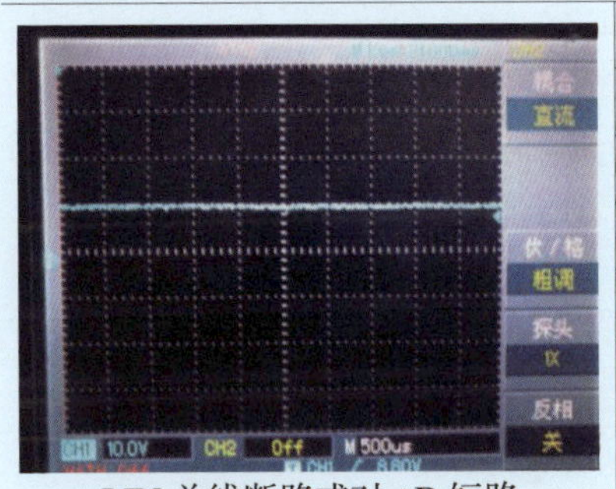

LIN 总线断路或对 +B 短路

1. 测试标准：

可能	实测结果	状态		操作
1				
2				
3				

2. 测试标准：

可能	实测结果	状态	可能原因	操作
1				
2				
3				

图 4-5-10　检查灯光开关 LIN 总线作业方法及检测结果

微组织 25：老师检查纠错，学生改正错误。微评价：☆☆☆☆☆

（2）请依据图 4-5-11 中提示，在横线处写出检查灯光旋转开关状态监测信号作业方法，并记录检测结果。

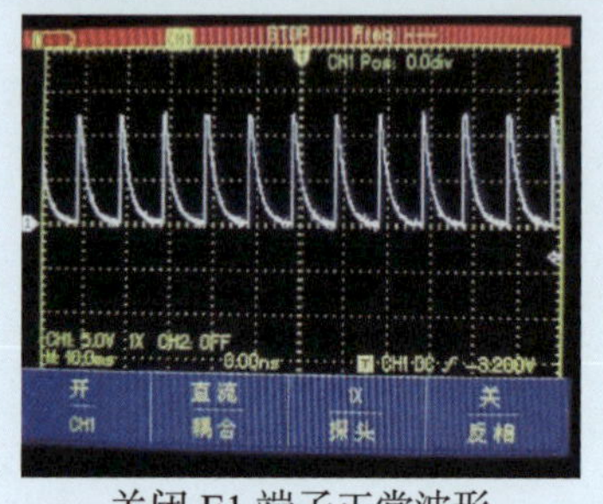

关闭 E1 端子正常波形

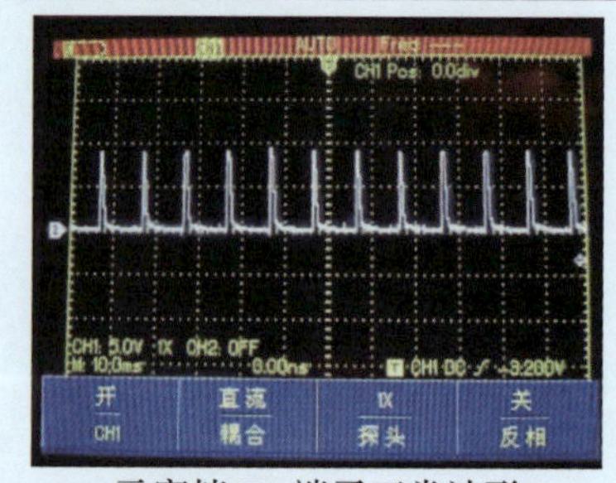

示宽挡 E1 端子正常波形

车载电网控制单元端子正常波形

1. 测试标准：

可能	实测结果	状态		操作
1				
2				
3				

2. 测试标准：

可能	实测结果	状态	可能原因	操作
1				
2				
3				
4				

图 4-5-11　检查检查灯光旋转开关状态监测信号作业方法及检测结果

微组织 27：老师检查纠错，学生改正错误。微评价：☆☆☆☆☆

案例

案例一：一辆 2018 年出厂的大众迈腾 B8 1.8 T，搭载 EA888 型 1.8 T 汽油发动机，行驶里程为 234 766 km。**车主反映：**该车车灯开关（E1）位于小灯挡或大灯挡时打开点火开关，操作后雾灯开关，后雾灯不亮，但仪表上后雾灯指示灯亮起。此外，前雾灯亮，大灯、示宽灯都正常。

故障分析：

车灯开关或组合仪表里的指示灯点亮，表示雾灯处于打开状态。在点火开关已打开的情况下，将车灯开关 E1 向右转到位置 AUTO 自动大灯、示宽灯或近光灯位置时，按压按钮（E18），按钮中的指示灯亮起，后雾灯打开；按压按钮，按钮中的指示灯亮起，前雾灯开启。再次按压相应的按钮，按钮中的指示灯熄灭，对应的雾灯关闭。根据维修手册分析，E18 后雾灯开关控制后雾灯的点亮，当车灯开关（EX1）位于 AUTO 挡、小灯挡或大灯挡时，操作 E18 后雾灯开关时，开关触点闭合，同时向 J519 车载电网控制单元发出信号，J519 接到后雾灯开启信号后，为后雾灯灯泡（L46）供电。

迈腾 B8 车的灯光开关 E1 由于采用了 LIN 总线控制，灯光开关上的导线缩减至 4 根，分别是供电线、搭铁线、LIN 总线、冗余信号线。灯光开关通过 LIN 总线将各挡信号传递给 J519，J519 控制相应车灯开启。由于控制逻辑的改变，为了确保信号传递的准确性，在灯光开关中新增加了冗余信号线，作为对灯光开关挡位信号的校验。

故障原因：

L46 后雾灯灯泡自身及其控制线路故障。

E18 后雾灯开关自身及其控制线路故障。

J519 局部故障。

故障排除：

检查雾灯灯泡，没有损坏；测量 J519 供电熔丝 SC23 、SC31、SC42、SC43，均无损坏，且电压为 12.4 V，正常；测量 J519 针脚 73a/66、73a/73、73c/1、73c/73 的供电电压，均为 12.4 V。说明 J519 的电源、所有熔丝，都没有问题。

检测接地线 73c/63、73a/12，导通正常；测量灯光开关供电熔丝 SC8，未见异常，且电压为 12.4 V，正常；测量灯光开关 T4/2 电压，12.4 V，正常；检测接地线 T4/3，搭铁正常无断路。利用台架检测后雾灯信号输出线 J519 T93a/72 电压为 0，说明后雾灯供电异常。

使用解码器 X431 读取 J519-“09 中央电气电子装置”故障信息，未发现故障码。读取后雾灯的数据流，当按下后雾灯开启按钮时，数据流出现变化，发现后雾灯数据流显示“已按下”，X431 显示如图 4-5-12 所示。

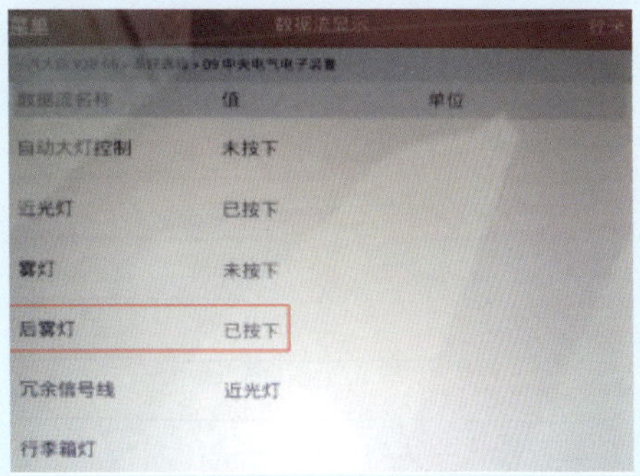

图 4-5-12　X431 显示

更换新的 J519 与灯光开关后，故障依旧，故障诊断工作陷入僵局。使用波形测试仪读取灯光开关 LIN 线波形与冗余线波形（见图 4-5-13），后雾灯最初波形呈现出“锯齿”形，高电压 12 V，7.23%。

在灯光开关雾灯开启时，读取灯开关 LIN 线波形与冗余线电压波形（见图 4-5-14），发现电压波形比较平缓，趋向于 0。由于冗余波形电压从占空比电压 7.23% 到趋向于 0，说明 J519 有自己的控制逻辑。

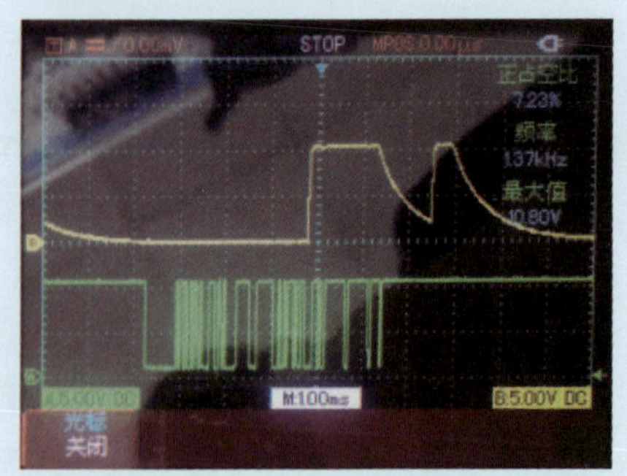

图 4-5-13　故障车 LIN 线与后雾灯电压波形（雾灯未开启）

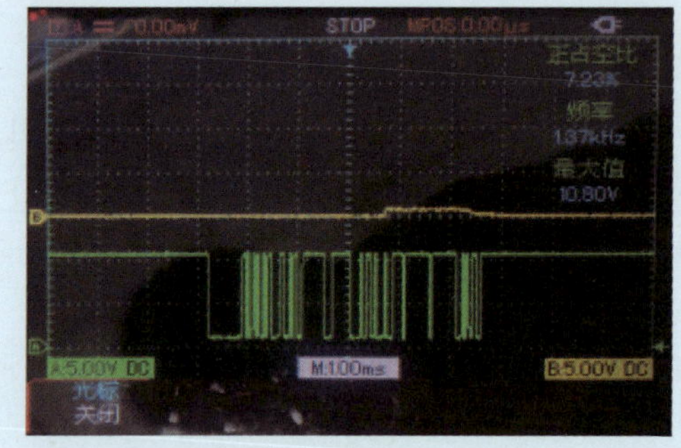

图 4-5-14　灯光开关雾灯开启 LIN 线与后雾灯电压波形

检查后备厢门锁时发现，无论后备厢门锁是开启还是关闭，锁门信号反馈线 T4am/1 始终处于接地状态，电压无任何变化，且后备厢照明灯始终点亮。更换后备厢门锁总成后，关闭后备厢门后仪表台上不再显示后备厢开启，且后雾灯恢复正常，该车故障被彻底排除。